Dieses Buch wurde überreicht von

Johann A. Hirsch
A-8670 Krieglach, Aichfeld 103
Tel. 0 38 55 / 33 59

TYCOON®

Schriftreihe
Band 5

1. Auflage
Titel der amerikanischen Originalausgabe
"Pro-Sumer Power!
How to Create Wealth by Buying
Smarter, Not Cheaper!"
by Bill Quain, Ph.D.
Copyright 2000 by Bill Quain & Steve Price

Deutsch von Susanne Müller-Meerkatz

Copyright 2001 dieser deutschen Ausgabe
und Übersetzung by Tycoon GbR,
Asbach-Bäumenheim, Germany

Umschlaggestaltung: Winters Design
Druck: Merkle-Druck, Donauwörth

ISBN: 3-930782-08-1

Pro-Sumenten Power!

**Wie man Vermögen schafft,
indem man raffinierter,
nicht billiger einkauft!**

von
Bill Quain, Ph.D.

Widmung

Meiner Frau Jeanne und meinen zwei Töchtern, Amanda und Kathleen. Falls Ihr Euch fragt, warum ich darauf bestand, Euch auf dem Umschlagfoto zu haben - meine Antwort ist:

"Was ich tue, tu ich für uns."

In Liebe,
Euer Vater.

Eine Botschaft von Bill Quain, Ph.D.

*If You Want to Have More,
You Have to Think Like a Store!
Willst du mehr, denk wie Der (Laden)!*

Die Zeitschrift *Fortune* bezeichnet das neue Jahrtausend als die "Ära der Konsumenten". Mit gutem Grund. Mit dem Beginn von Online-Einkauf und der Ausbreitung riesiger Tiefpreis-Anbieter-Ketten fallen die Güter- und Dienstleistungspreise kontinuierlich, und das "spart" den Konsumenten Milliarden Dollar jährlich.

Moment mal - "Sparen" Konsumenten wirklich, wenn sie mit Rabatt einkaufen? Oder konsumieren sie sich an den Bettelstab, während die riesigen E-Kommerz-Anbieter und Einzelhandelsketten Rekordgewinne verzeichnen?

Wenn Sie ein 100-$-Ding mit 40 % Nachlass kaufen, dann "sparen" Sie keine 40 $. *Sie geben 60 $ aus!* Wenn Sie Ihrem Nettovermögen 60 $ entnehmen, um sie zu verkonsumieren, haben Sie nicht nur 60 $ weniger, sondern Sie berauben sich auch der Möglichkeit, diese 60 $ zu investieren und Ihr Kapital im Zeitablauf wachsen zu lassen. Das ist der Grund, warum Konsumieren so an Ihrem Nettovermögen nagt - Konsum schmälert Ihre finanzielle Basis, statt sie zu festigen.

Wahrheit ist, dass die große Mehrheit aller *Konsumenten* es niemals zu finanzieller Sicherheit bringen wird, da sie durch Werbung konditioniert wurden, Produkte und Leistungen zu kaufen, die im Zeitablauf an Wert verlieren. *Konsumenten-Denken läßt sie Geld ausgeben,* was zu minimierten Vermögen und Träumen führt.

Die riesigen Läden jedoch, die Konsumenten Niedrigpreis-Waren verkaufen, sind Vermögensproduzenten, die Rekordgewinne für sich und ihre Aktionäre einfahren. *Produzenten-Denken* setzt Geld mit dem Ziel ein, mehr Geld zu machen und Kapital zu bilden, was genau die Schlüssel zur Vermögensbildung sind.

Dank eines Paradigmen erschütternden Konzepts, genannt *Pro-Sumenten-Denken,* können heute auch Durchschnittsbürger das Beste beider Welten für sich beanspruchen - *während sie konsumieren, können sie Vermögen bilden!* Deswegen sage ich: *Pro-Sumenten-Denken* bedeutet "nicht billiger, sondern raffinierter einzukaufen".

Pro-Sumenten haben mehr, denn sie denken geschäftlich. Wenn Ihnen selbst ein Wal-Mart gehörte, würden Sie wohl kaum beim K-Mart einkaufen? Im Endeffekt gehört Pro-Sumenten ihr eigener "Laden" - MeinMarkt nenne ich sowas. Pro-Sumenten lernen, bei MeinMarkt zu kaufen, und bringen das anderen bei, was es ihnen ermöglicht, im Zuge ihrer Ausgaben Vermögen zu schaffen.

Es handelt sich hierbei um ein simples Konzept, das dabei ist, die Art und Weise menschlichen Kaufens und Arbeitens zu revolutionieren. Denkweise und Kaufverhalten von kurzfristigem Konsumenten-Denken auf langfristiges Pro-Sumenten-Denken umzustellen, kann Ihr Leben verändern.

Gewähren Sie Ihren Träumen keinen Rabatt!

Bill Quain, Ph.D.

Danksagung

Wie die meisten meiner Bücher hat auch dieses zwei Jahre Arbeit beansprucht. Während dieser Zeit wurde das Manuskript viele Male geändert. Als Mensch habe ich mich gegen manche Änderung zunächst gesträubt, aber im Endeffekt haben sie viel zur Verbesserung der Schlussfassung beigetragen.

Ich schulde einigen Leuten großen Dank, deren Unterstützung, Kreativität, Geduld und detaillierte Aufmerksamkeit dazu beitrugen, aus einem Konzept ein fertiges Buch zu machen.

An erster Stelle möchte ich dem Redaktionsteam des INTI Verlags für dessen gewaltigen Beitrag zum Endprodukt danken. Vielen Dank auch Steve Price für seine unermüdliche Arbeit an dem Buch. Schon sehr früh hatte Steve eine Vorstellung von dem Buch, erweiterte es um ein paar phantastische Einsichten und verhalf ihm mit zu seiner jetzigen Fassung. Ein großes Dankeschön auch an Katherine Glover und Burke Hedges dafür, dass sie Steve und mich auf dem rechten Kurs hielten. Unsere redaktionellen Marathonsitzungen holten das Beste aus uns allen heraus und verbesserten die Endfassung erheblich.

Wie stets an dieser Stelle geht ein spezielles Dankeschön an meine Frau Jeanne und an meine Mutter Kay Quain für ihre nie versiegenden kleinen wie großen Beiträge.

Last but not least gebührt ein schallendes Dankeschön meiner unschätzbaren Assistentin Janet Soto für ihr Engagement und die Wahrnehmung Dutzender anderer Pflichten, die mich sonst von der Fertigstellung dieses Buches abgehalten hätten.

Ihnen allen gilt mein aufrichtiger Dank und meine tiefe Verbundenheit. Ohne sie hätte ich es nicht geschafft!

Bill Quain

Bill Quain, Ph.D.

Inhaltsverzeichnis Seite

Widmung 5

Eine Botschaft von Bill Quain, Ph.D. 7

Danksagung 11

Einleitung: Eine moderne Parabel: Pro-Sumenten versus Großdiscounter 15

Teil I: Die Pro-Sumenten-Mentalität 23

1. Warum Sie sich der Pro-Sumenten-Revolution anschließen sollten! 25

2. Ändern Sie Ihr Denken, und Sie ändern Ihr Leben 33

Teil II: Pro-Sum im neuen Jahrtausend 43

3. Das Internet ist der KingKong des Geschäftslebens - steckt aber immer noch in den Kinderschuhen! 45

Teil III: Die Konsumenten-Mentalität 57

4. Wie auch immer, Sie zahlen! 59

5. Ein Laden ist Ihnen kein Freund! 69

Inhaltsverzeichnis (Forts.)   Seite

6. Der Weg in den Schuldturm ist mit Rabatten gepflastert — 85

7. Was wollen Sie wirklich? - Mehr Rabatt? Oder mehr Zeit? — 91

Teil IV: MeinMarkt.com: Die Konvergenz von Pro-Sum und E-Kommerz — 101

8. Empfehlungswirtschaft: Pro-Sumenten-Macht am Werk — 103

9. E-mpfehlungswirtschaft: Pro-Sumenten-Macht im Internet — 115

10. Klick dich reich: Die E-Zukunft ist da! — 125

Resümee: Gewähren Sie Ihren Träumen keinen Rabatt! — 137

Einleitung

EINE MODERNE PARABEL: PRO-SUMENTEN vs. NIEDRIGPREIS-ANBIETER

Es ist ein generelles Mißverständis, daß man mehr arbeiten muß, um mehr zu verdienen. Letztlich werden Ihre Einkünfte nur steigen, wenn Sie Ihr Denken ändern - anstelle Ihrer Handlungen.

Brian Koslow
Autor: 365 Wege, ein Millionär zu werden

Beginnen möchte ich damit, Ihnen die Geschichte von Stan zu erzählen, einem Ladeninhaber in einer Kleinstadt im mittleren Westen, der ein paar Billiganbieter ausschmierte, die drohten, ihn in den Konkurs zu treiben. Die Geschichte geht so:

Stan war Eigentümer von "Stan`s Store", den er auch selber führte. Es handelte sich um einen Gemischtwarenladen im Zentrum der Hauptstraße. Stan ermöglichte sich und seiner Familie damit ein angenehmes Leben. Und das verdiente er auch in jeder Hinsicht, denn er wurde in der ganzen Stadt geschätzt und respektiert.

Eines Tages hörte Stan lautes Hämmern und Sägen zu beiden Seiten seines Ladens. Binnen zweier Monate machten zwei Billiganbieter auf, einer auf jeder seiner Seiten. Die beiden Niedrigpreisläden hatten weite Gänge und farbenfrohe Auslagen, und sie verkauften die gleiche Ware wie Stan - *aber zu niedrigeren Preisen!*

Am Eröffnungstag zeigte der Laden zu seiner Linken eine enorme Neonwerbung über der Vordertür, mit folgender Aufschrift:

GIANT CHAIN
DISCOUNT STORE
Preise im Keller!

Am nächsten Tag schlug das Geschäft zur Rechten von Stan`s Laden mit einem riesigen blinkenden Schild über der Eingangstür zurück:

BUY-IN-BULK
SUPER DISCOUNT STORE
Absolute Tiefstpreise!

Es brauchte nicht lange, bis es sich herumsprach, dass die beiden Discountgeschäfte billiger waren. In Kürze war Stan`s Umsatz auf ein Minimum geschrumpft. Er musste hilflos mitansehen, wie alte Kunden und Freunde auf Schnäppchenjagd sein Geschäft links liegen ließen. Er winkte ihnen zu, wenn sie zuerst in den einen ... dann den anderen Discountladen gingen ... und Preise verglichen, um 1 $ beim Kauf eines Waschmittels oder 10 $ beim Kauf eines Videorecorders zu "sparen".

Stan war klar, dass er einiges schnell und drastisch ändern musste, wenn er nicht untergehen wollte. Die naheliegendste Lösung wäre gewesen, die Preise zu senken, um mit den beiden Läden zu beiden Seiten zu konkurrieren. Das hätte jedoch finanziellen Selbstmord bedeutet. Stan`s Einzelladen hätte niemals seine Produkte zu so niedrigen Preisen einkaufen können, wie ein Discounter mit tausend Filialen. *"Es muss einen anderen Weg geben!"*, sagte sich Stan.

Die Geburtsstunde der Pro-Sumenten-Revolution

Eines Tages betrat ein früherer Kunde Stans Laden, schaute sich um und plapperte: *"Oh, das ist ja gar nicht der Laden, den ich suche, das ist ja Stans Laden"*. Der ehemalige Kunde machte auf dem Absatz kehrt und wandte sich zur Tür.

"Das ist Stans Laden! Das ist Stans Laden!" Die Worte hallten noch lange im Kopf des Ladenbesitzers nach.

"Die Leute haben im Kopf, dass dieser Laden mir gehört," sagte sich Stan. "Sie sehen ihn nicht als IHREN Laden an, sondern als MEINEN. Was wäre, wenn dieser Laden den Kunden und nicht nur mir gehören würde? Was wäre, wenn sie Geld verdienen und Kapital ansammeln könnten während sie hier einkaufen? Ich nehme an, sie würden aufhören, bei anderen zu kaufen, und anfangen, bei sich selbst einzukaufen."

Es war ein revolutionäres Konzept, aber Stan hatte begriffen, dass drastische Zeiten drastische Maßnahmen verlangten. Er rief seine Mitarbeiter zusammen und bat sie, ihm dabei zu helfen, sein Geschäft so umzustrukturieren, dass die Kunden anfangen würden, wie Geschäftsinhaber zu denken und zu handeln. Die Mitarbeiter waren von der Idee begeistert, und sie kamen nach und nach mit großartigen Ideen für ein revolutionäres neues Geschäftsmodell daher.

"Wir müssen anfangen, Kunden als Partner anzusehen," schlug ein Mitarbeiter vor.

"Je mehr Produkte unsere Partner kaufen, desto höher sollten ihre Nachlässe sein", schlug ein anderer vor.

"Wie wäre es, auf alle Einkäufe Rabatte anzubieten?", fragte ein anderer.

"Partner, die Freunde und Familienmitglieder auf unseren Laden verweisen, sollten Provisionen auf deren Einkäufe erhalten." schlug ein anderer vor.

"Wir geben so viel Geld für Werbung aus," kommentierte ein langjähriger Mitarbeiter. *"Wie wäre es damit, auf die teuren Anzeigen und Spots zu verzichten und dafür auf die schlagkräftigste Art Werbung zu setzen - die der Weiterempfehlung von zufriedenen Kunden untereinander? Dann könnten wir die eingesparten Werbeausgaben dafür verwenden, unsere neuen Partner dafür zu belohnen, Kundschaft in unseren Laden zu dirigieren."*

Binnen einer Woche hatte Stan seinen Laden komplett umstrukturiert. Stans Laden war nicht mehr nur SEIN Laden, Stan managte noch das Warenangebot, aber das Kaufhaus teilte einen Umsatzanteil an die neuen Geschäftspartner aus.

Stan und seine Mitarbeiter jubelten, als sie das alte Ladenschild abnahmen und durch ein nagelneues ersetzten. Die Aufschrift war:

Ihr Laden
Bei sich einzukaufen, zahlt sich aus

Happy End für Stan

Stans gewagtes neues Geschäftskonzept stellte sich als bei weitem erfolgreicher heraus, als er sich je erträumt hätte! Die meisten Leute waren begeistert von dem Partnerschaftskonzept von IhrLaden, und binnen Monaten explodierte der Umsatz.

Fünfundzwanzig Jahre nachdem das "Ihr Laden"- Schild hochgezogen worden war, hatte sich die Firma von einem kleinen Einzelhandelsgeschäft im Mittleren Westen zu hunderten von Mega-Vertriebszentren rund um die Welt ausgewachsen.

Während dieser 25 Jahre entdeckten Hunderttausende von Stans Empfehlungsgeschäft-Kompagnons, dass sie ihr Einkommen mit mehreren hundert Dollar monatlich alimentieren konnten, indem sie ihren Bekannten "Ihren Laden" empfahlen. Tausende der ehrgeizigsten Kompagnons "Ihres Ladens" konnten sich von ihren herkömmlichen Anstellungen "zurückziehen" und ein beträchtliches Einkommen mit dem Aufbau ihres eigenen Empfehlungsgeschäftes erwirtschaften. Und Hunderte der schwerst arbeitenden Kompagnons wurden zu Millionären, weil sie riesige Organisationen von Partnern und Konsumenten "Ihres Ladens" aufbauten.

Klar, dass es einige gab, die Stan erzählten, sein neues Geschäftskonzept würde nie und nimmer funktionieren. Es wäre zu "radikal". Zu fremdartig. Aber Stan hielt an *seinem Traum* fest, anderen zum Geldverdienen zu verhelfen, damit sie *ihren Träumen* anhängen konnten. Zum Glück Tausender erfolgreicher "Ihr Laden"-Kompagnons obsiegte Stans Traum über die Schlechtmacher, und in weniger als 25 Jahren entwickelte sich "Ihr Laden" zu einem Multimilliardenkonzern, der sich auf der Liste der 500 weltgrößten Firmen der Zeitschrift "Fortune" findet.

Heute hat sich Stan zur Ruhe gesetzt und lebt in Florida. Seine vier Kinder leiten "Ihr Laden International, Inc.", eine Fortune-500-Firma mit mehreren Millionen Niederlassungen rund um die Welt. Die Zukunft scheint besser denn je, weil Stans Kinder die Firma mit "Your Store.com" auf eine ganz neue Ebene hieven, mit einem virtuellen Kaufhaus, in dem es sich immer noch für selbstständige Geschäftspartner auszahlt, raffinierter statt billiger einzukaufen.

Die Pro-Sumenten-Revolution läuft vom Stapel

"Stan versus Großdiscounter" ist als Parabel ein starkes Lehrstück für alle, die sich je einredeten, sie hätten Geld "gespart", weil sie "günstig" einkauften.

Wahr ist, dass man durch Rabattkäufe niemals wirklich Geld "sparen" kann. Es stimmt, Sie zahlen weniger, wenn Sie so einkaufen. Aber Sie geben immer noch Geld aus. Und Ausgaben *reduzieren Ihr Bankkonto.*

ES MUSS EINEN ANDEREN WEG GEBEN!

Zum Glück gibt es einen anderen Weg. Ich nenne ihn "Pro-Sum". Und er ist ein probates Mittel, um *gleichzeitig produzieren und konsumieren* zu können. Nein, hier handelt es sich um keinen Druckfehler. Nur um sicherzustellen, dass Ihre Augen Sie nicht trügen, schreibe ich Ihnen diesen Satz nochmal in Großbuchstaben:

ES GIBT EIN MITTEL, MIT DEM MAN
GLEICHZEITIG PRODUZIEREN UND
KONSUMIEREN KANN!

Anders ausgedrückt können Leute, die raffinierter, nicht billiger einkaufen -und andere lehren, das gleiche zu tun- i*m wahrsten Sinne des Wortes Geld verdienen, indem Sie Geld ausgeben.*

Wenn Sie Ihr Denken vom Konsum-Denken auf Pro-Sum-Denken umstellen, wird sich Erstaunliches zutragen - Sie fangen an, Ihr Bankkonto zu *erhöhen,* statt es zu *reduzieren.*

Das ist der Grund, warum ich sage, "Willst Du mehr, denk wie Der", wobei "Der" ein Ladeninhaber ist. Läden sind da, um Reichtum zu produzieren und nicht, um Reichtum zu verbrauchen. Haben Sie erst einmal die Kraft hinter diesem Konzept verstanden, sind Sie auf dem besten Wege, sich und Ihre Familie reicher zu machen.

Pro-Sum-Denken hatte Stans Bankkonto gut getan... und sein Leben verändert.

Es kann Ihnen den gleichen Dienst erweisen.

Teil I

DIE PRO-SUMENTEN-MENTALITÄT

Wenn Sie mit Rabatt kaufen, ziehen Sie Geld von Ihrem Bankkonto ab. Wenn Sie Pro-Sumieren, führen Sie Ihrem Bankkonto Geld zu. Sich ein Eigenheim zu kaufen, ist ein klassisches Beispiel dafür, wie Pro-Sumenten Geld gleichzeitig ausgeben und hecken können.

...1...

Warum Sie sich der Pro-Sumenten-Revolution anschließen sollten

*Benjamin Franklin mag die Elektrizität
entdeckt haben - doch der machte Geld,
der den Zähler einführte.*
Earl Wilson, Journalist und Leitartikler

Pro-Sument ist eine Kombination aus den Wörtern *Produzent* und *Konsument*. Produzenten verdienen Geld. Konsumenten geben es aus. Pro-Sumenten verdienen Geld, während sie Geld ausgeben.

Pro-Sum ist ein seit Jahren bewährtes Konzept, und die Zahl derer, die dieses Konzept verstehen und anderen weiter

25

vermitteln und damit ein Vermögen machen, ist Legion und wächst.

Wer ein Haus sein eigen nennt, ist ein Pro-Sument.

Ein klassisches Beispiel für Pro-Sum ist, ein Eigenheim zu besitzen. Wenn Sie sich ein eigenes Heim kaufen, dann ist das wie der Kauf einer beliebigen Sache, z.B. eines Autos oder eines Sofas. Im Unterschied zu Sofas oder Autos jedoch steigen gut erhaltene Häuser in guter Lage über die Jahre im Wert. Anders ausgedrückt steigt der Wert eines Hauses im Zeitablauf, statt abzunehmen. Hinzu kommt, dass Hausbesitzer ihr Vermögen mit jeder monatlichen Tilgungsleistung erhöhen.

Die Kombination aus Wertsteigerung und Vermögenszuwachs beim eigenen Heim (ganz zu schweigen davon, dass Hauseigentümer ihre Darlehenszinsen von der jährlichen Einkommensteuer absetzen können) erhöht das Nettovermögen des Hauseigentümers. Daher ist Wohneigentum die bei weitem größte Vermögensquelle für die breite Mehrheit aller Nordamerikaner. Regierungsstatistiken zeigen, dass das Nettovermögen des Durchschnittsamerikaners in seinem Eigenheim gebunden ist, was beweist, dass ein Eigenheim zu haben, ein fantastisches Investment ist!

Hauseigentum ist das klassische Beispiel von Pro-Sumenten Power!

Wenn Sie ein Haus kaufen, machen Sie Geld, indem Sie Geld ausgeben. Langfristig produzieren Sie mehr Vermögen für sich und Ihre Familie. Daher spricht man beim Hauskauf von einer Investition statt von einer Ausgabe.

Das Geld, das wir für ein Eigenheim ausgeben, vermehrt unser Nettovermögen eher, statt es zu verringern. Welch ein Konzept - und was für eine tolle Sache für jeden, den es betrifft! Hauseigentümer mehren ihr Vermögen mit jeder ihrer monatlichen Ratenzahlungen, und die Hypothekenbanken werden an den Kreditzinsen reich. Wie gesagt, Hauseigentum ist ein klassisches Beispiel von Pro-Sum - Hauseigentümer schaffen Vermögen im Zuge ihres Konsums. Eine Win/Win-Konstellation für jeden!

Pro-Sum bei jedem Kauf

Die schönste Neuigkeit ist allerdings, dass Pro-Sum sich nicht nur auf Hauseigentum zu beschränken braucht. Die gleichen Pro-Sum-Prinzipien, die bewirken, dass sich das Vermögen der Eigenheimbesitzer mehrt -Eigenkapital, Wertsteigerung und Steuervorteile- können praktisch auf jeden Kauf von Waren oder Dienstleistungen, den Sie tätigen, angewandt werden, um Ihnen und Ihrer Familie Vermögen zu schaffen. Der Schlüssel liegt darin, LANGFRISTIG wie ein Hauseigentümer zu denken, statt KURZFRISTIG wie ein Mieter. Auf lange Sicht ist es besser, 100 $ mehr monatlich für eine Hypothek zu zahlen und damit Eigenkapital zu bilden, als 100 $ monatlich an Miete zu "sparen", aber nichts dafür aufzubauen.

Kurzum, der Schlüssel zum Pro-Sum ist, raffinierter, nicht billiger einzukaufen...langfristig, nicht kurzfristig zu denken...und wie ein Inhaber, nicht wie ein Kunde zu denken.

Buchstäblich jeder, der die grundlegenden Prinzipien des Pro-Sum versteht, kann lernen, Vermögen dadurch zu schaffen, dass er seine alltäglichen Kaufgewohnheiten ändert. Sie brauchen keinen Doktortitel in Ökonomie, um diese Prinzipien zu verstehen. Sie sind so einfach und simpel, dass jedes Volksschulkind, das beim Klassenfest Limonade verkauft, sie im Handumdrehen lernen kann.

Ich bin immer wieder erstaunt, auf Leute zu treffen, die es einfach ablehnen, dem Pro-Sum seine Wirksamkeit zuzugestehen. Davon sind die meistens sogar Hauseigentümer, die man niemals hat Miete zahlen sehen.

"Warum sein Geld zum Fenster rausschmeißen und mieten, wenn man besitzen kann", würden sie sagen. Aber die gleichen Leute verschränken die Arme und verschließen sich, wenn es darum geht, dies Prinzip des Hauseigentums auf alle Ausgaben auszuweiten. Machen Sie sich einen Reim darauf.

Mich erinnert das an Oscar Wildes berühmten Ausspruch "Verwirren Sie mich nicht mit Fakten!" Fakt ist, dass Pro-Sum, genau wie Hauseigentum, einfach Sinn macht. Und wenn ein paar engstirnige Menschen dies nicht begreifen wollen, dann ist das ihr Problem, nicht meines. Nächster Punkt.

Pro-Sum: Wie die Reichen reicher werden

Die Reichen haben die Power des Pro-Sums schon immer verstanden. In dem Bestseller "Der Millionär von Nebenan" zählt der Autor die Schlüsselstrategien auf, die die meisten Millionäre nutzen, um ihr Vermögen aufzuhäufen.

Erstaunlicherweise sind diese Strategien so simpel und wirkungsvoll, dass jeder, der sie in die Praxis umsetzt, sein Vermögen drastisch erhöhen kann.

Dem *Millionär von Nebenan* zufolge, begreifen Millionäre den Unterschied zwischen Investieren (Geld *wächst*) und Ausgeben (Geld *geht*). Millionäre kaufen Anlagen, die im Wert steigen, zum Beispiel hochwertige Aktien, statt Belastungen, die im Wert sinken, wie teure Möbel zum Beispiel. Millionäre haben ein eigenes Geschäft oder sind Anteilseigner der Firmen, für die sie arbeiten. Millionäre haben ein eigenes Haus. Millionäre schieben kurzfristige Befriedigung zugunsten langfristiger finanzieller Sicherheit auf. Kurz gesagt: Millionäre halten Ausschau nach Möglichkeiten, ihr Geld zu mehren, wenn sie Geld ausgeben.

Mit einem Wort: *Millionäre sind Pro-Sumenten!*

Der Weg zu finanzieller Unabhängigkeit läßt Kehrtwendungen zu.

Milliardär J. Paul Getty bemerkte einst: "Wenn Sie reich werden wollen, suchen Sie einfach nach jemandem, der viel Geld verdient, und tun das, was der tut." Nun, Reiche sind Pro-Sumenten. Sie haben mehr, weil sie denken wie der Ladenbesitzer statt wie der Ladenkunde und sich dementsprechend verhalten. Wenn Sie also das wollen, was *Millionäre haben*, müssen Sie auch das tun, was *Millionäre tun*. Und Millionäre pro-sumieren statt zu konsumieren. So einfach ist das.

Wie steht's mit Ihnen? Sind Sie ein "Millionär von Nebenan"? Oder müssen Sie immer mehr arbeiten, nur, um über die Runden zu kommen? Wenn Sie immer härter arbeiten, dann sind Sie da nicht der einzige. Einer Studie der Vereinten Nationen zufolge, arbeiten Amerikaner heutzutage mehr Stunden als jede andere Industrienation - die arbeitswütigen Japaner mit inbegriffen!

Leider bedeutet mehr zu arbeiten nicht unbedingt, mehr Vermögen zu schaffen. Erst kürzlich berichtete *USA Today*, dass die Hälfte aller Amerikaner weniger als 2.500 $ Ersparnisse besitzt, und dass auf die Frage, wie lange es dauern würde, bis sie mit Zahlungen in Rückstand kämen, wenn Sie ihre Arbeit verlören, 54 % der befragten Werktätigen antworteten "drei Monate oder weniger".

Die gute Nachricht ist, dass es für den Menschen nie zu spät ist, sich Strategien anzueignen, die sein Leben verändern können. Das ist wie in dem Comic *The Family Circus* von Bill Keane mit der Szene "Großmutters Ratschläge". Großmutter sitzt, umringt von ihren vier Enkeln, die an ihren Lippen hängen. Ihr Rat ist zeitlos. "Solltest du je den falschen Weg eingeschlagen haben, denk daran: Der Weg des Herrn läßt Kehrtwendungen zu."

Großmutters Rat trifft den Nagel auf den Kopf - es ist nie zu spät, sein Verhalten zu ändern. Ihr weiser Rat trifft auf das Finanzwesen mit gleicher Sicherheit zu, wie auf die Erlösung: *Der Weg zu finanzieller Freiheit läßt Kehrtwendungen zu.*

In welche Richtung laufen Sie?

Falls Sie den falschen finanziellen Weg eingeschlagen haben, weil Sie wie ein Konsument statt wie ein Pro-Sument denken und handeln, ist es noch nicht zu spät umzukehren.

Wenn Sie auf den falschen Weg zu finanzieller Freiheit eingebogen sind, dann wahrscheinlich deshalb, weil Sie es nicht besser wussten! *Sie sind einfach der Menge gefolgt!* Wie die meisten sind auch Sie auf den falschen Plan hereingefallen - den Konsumentenplan. Und die einzigen, die mit dem Konsumentenplan reich werden, sind die Läden.

Daher sage ich: Willst Du mehr, denk wie Der (Laden). He, kein Gesetz sagt, dass nur Ladengeschäfte Produkte verkaufen und reich werden dürfen. Wenn die das können, können Sie das auch! Alles was es braucht, ist ein Verständnis dafür, wie Pro-Sum vonstatten geht.

Der erste Schritt Ihrer Wandlung vom Konsumenten zum Pro-Sumenten ist: Offen zu sein für ein paar neue Konzepte. Ein Weiser hat mal gesagt: "Ihr Hirn ist wie ein Fallschirm. Er funktioniert nur, wenn er geöffnet ist."

Sie müssen Ihr Hirn öffnen, um Ihr altvertrautes Konsumenten-Denken durch das neue Pro-Sumenten-Denken zu ersetzen. Wenn Sie das tun, schlagen Sie eine andere finanzielle Richtung ein - die Richtung, der die Millionäre von Nebenan folgen.

Das ist vielleicht nicht die allerpopulärste Richtung. Aber es ist die Richtung, in die ich gehen will.

Wie steht's mit Ihnen?

...2...

Ändern Sie Ihr Denken,
und Sie ändern Ihr Leben

Denken heißt Handeln.
Ralph Waldo Emerson

Mitte der neunziger Jahre stand Apple Computer kurz vor dem Bankrott. Ende der neunziger Jahre brachte Steven Jobs die Firma wieder auf Vordermann, indem er einen Computer namens "iMac" auf den Markt brachte, der den Durchbruch schaffte.

Die iMac-Kampagne war so kreativ und produktiv, wie der Computer selbst. Die Werbespots zeigten Schwarzweißfotos der größten Denker und Erfinder des Jahrhunderts, z.B. Albert Einstein, Mahatma Gandhi und Amelia Earhart, um nur einige zu nennen. Der simple Slogan zu jedem Foto war:

DENK ANDERS.

Warum anders denken?

"DENK ANDERS." Das war nicht immer ein guter Rat. Zu Galileis Zeiten hätte anders zu denken, den Tod auf dem Scheiterhaufen bedeuten können.

Heutzutage ist es jedoch erforderlich, konventionelle Weisheit zu hinterfragen und unkonventionell zu denken. Sich auf konventionelle Weisheit zu verlassen, kann einem nichts anderes als *konventionelle* Resultate einbringen. (Wenn man bedenkt, dass fast die Hälfte aller *konventionellen* Werktätigen mit *konventionellen* Jobs unter 25.000 $ jährlich verdient und dazu 2.000 $ oder mehr an monatlichen Kreditkartenschulden hat, muss man sich fragen, wer *konventionelle Resultate* dieser Art überhaupt braucht!)

Große Denker sind Andersdenker. Sie machen nicht den Fehler, mit der Menge zu denken und zu handeln. Sie sind Einzelgänger. Sie verweigern sich dem Herdendenken. Es sind die Einzelgänger, die neue Wege gehen und in neue Gefilde vorstoßen. Henry Ford war ein Einzelgänger. Der verstorbene Sam Walton, Gründer von Wal-Mart, war ein Einzelgänger. Jeff Bezos, Gründer von Amazon.com, und ein Dutzend anderer Internet-Milliardäre sind Einzelgänger.

Im wahrsten Sinne des Wortes zahlt es sich aus, ANDERS ZU DENKEN.

Jobs und Rabatte: GLEICH DENKEN

Wie sieht es mit dem Großteil der Menschheit aus...mit denen, die GLEICH DENKEN...statt ANDERS ZU DENKEN? Was tun die, um Vermögen zu bilden?

Die meisten, die in puncto Vermögensbildung GLEICH DENKEN, die suchen sich einen Job. Das ist doch die auf der Hand liegende Art, Vermögen zu schaffen, oder etwa nicht? Wer noch reicher werden will, versucht, befördert zu werden. Oder schaut sich nach einem besser bezahlten Job um. Oder macht Überstunden. Oder legt sich einen Zweit- oder gar Drittjob zu.

Sie wechseln vielleicht den Arbeitsplatz, nicht aber ihre Denkweise. Sie DENKEN GLEICH. Deswegen haben Amerikaner heute längere Arbeitszeiten, als alle andere Völker.

Die meisten DENKEN GLEICH, auch wenn es ums Kaufen geht. Uns wurde beigebracht, Geld zu "sparen", indem man sein Zeugs mit Rabatt oder beim Ausverkauf kauft. Einkauf bei Discountern ist zum Volkssport geworden, da immer mehr Käufer zu "sparen" versuchen, indem sie billiger, nicht schlauer einkaufen. Das imposante Wachstum großer Discounthäuser wie Wal-Mart...K-Mart...The Home Depot...Costo...und anderer bezeugen dies.

Konsumenten stehen in Discountläden an und klappern die entsprechenden Websites in der Hoffnung ab, Geld dadurch zu "sparen", dass sie billiger einkaufen. Aber damit machen sie sich selbst nur etwas vor. Im Konsum liegt kein "Sparen", egal wie wenig Sie zahlen, denn es fließt Geld ab, nicht herein.

Mit Billigkäufen kann man nicht "sparen"

Menschen, die GLEICH DENKEN und mit Hilfe von Jobs Vermögen schaffen oder mit Rabattkäufen Geld "sparen" wollen, erinnern mich an den Burschen, der spätabends seinen Autoschlüssel verlor. Der lief hektisch unter einer hellen Straßenlaterne auf und ab, um seine Schlüssel zu finden.

Mehrere Passanten fingen an, ihm zu helfen. Es dauerte nicht lange, bis zehn Leute Zentimeter für Zentimeter unter der Laterne absuchten.

"Sind Sie sicher, dass Sie ihn unter der Laterne verloren haben?", fragte einer der Helfer.

"Nein", antwortete der Bursche, *"ich habe den Schlüssel in der dunklen Gasse hinter uns verloren. Aber ich beschloss, lieber unter der Straßenlaterne zu suchen, weil die Sicht hier so viel besser ist."*

Die Menschen sind so - sie versuchen, Vermögen da aufzubauen, wo sie besser sehen können, also am gleichen, altvertrauten Ort - an ihrem Arbeitsplatz und beim "Sparen" durch Billigkäufe.

HALLO-O-O! Wenn auch Sie darauf schauen, beträchtlich mehr Vermögen zu erlangen, indem Sie mehr arbeiten oder Güter und Leistungen mit Rabatt kaufen, dann schauen Sie in die falsche Richtung! Verstehen Sie mich richtig: Nichts ist verkehrt an einer Anstellung. Ich liebe meine Arbeit als Universitätsprofessor. Aber ich verlasse mich nicht nur auf diese Anstellung, um finanziell frei zu werden!

Ebenso verlasse ich mich nicht darauf, Geld durch Rabattkäufe zu sparen. Die schlichte Wahrheit ist, dass Rabatte nicht dafür angelegt sind, das Vermögen der Konsumenten durch "Sparen" zu mehren. Hohe Rabatte sind dafür angelegt, *den Ladeninhabern Vermögen zu schaffen, indem sie das Geld der Konsumenten abschöpfen.*

Verstehen Sie mich nicht falsch - ich sage damit nicht, Sie sollten stets den Listenpreis zahlen, wenn es dieselbe Ware billiger gibt. Das wäre dumm. Rabatte sind klasse für Konsumenten, keine Frage. Und jeder, auch ein Milliardär, liebt es, Schnäppchen zu machen.

Aber machen Sie sich nicht selber etwas vor, indem Sie sich einreden, Sie "sparten" durch billigen Einkauf Geld. Wenn Sie konsumieren, *ziehen* Sie Geld von Ihrem Konto *ab,* Sie *fügen nichts hinzu.* Sie geben aus, statt zu sparen.

Wie bereits gesagt, billig einkaufen ist nicht dazu bestimmt, Einkommen zu schaffen. Menschen, die sich darum bemühen, ihr Kapital durch Rabattkäufe zu erhöhen, suchen unter der Straßenlaterne, nicht weil dort der beste Ort für die Suche, sondern weil die Sicht dort besser ist. *Sie richten ihre Gedanken und Handlungen an falschen Voraussetzungen aus.* Sie konzentrieren sich auf das falsche Ding - sie konzentrieren sich auf "Abgang" statt Eingang.

Die Gefahr, das falsche Ding zu fokussieren

Es ist so viel leichter, sich auf das falsche Ding zu konzentrieren, als Sie sich vorstellen können. Es widerfährt uns jederzeit und immer wieder. Auf Seite 38 folgt ein kleiner Test, mit dem Sie feststellen können, ob Sie sich *auf das rechte Ding konzentrieren:*

Anleitung: *Verwenden Sie einen Stift und zeichnen Sie den schnellsten Weg, der vom "START" des Irrgartens zu "FINISH" führt. Stoppen Sie die Zeit, um festzustellen, wie lange Sie brauchen.*

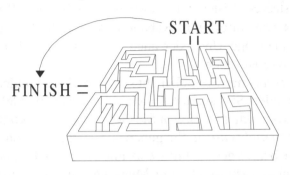

Aus: *Escape From the Maze* v. James Higgins.

Haben Sie das geschafft? Wie lange haben Sie gebraucht, um diese Aufgabe zu lösen? Wenn Sie wie die meisten Menschen sind, brauchten Sie zwischen 30 Sekunden und zwei Minuten, um eine Linie durch die Verzweigungen des Irrgartens zu ziehen.

Wären Sie erstaunt, zu erfahren, *dass manche Menschen das gleiche Puzzle in weniger als einer Sekunde lösen können?* Wie? Sie malen eine Kurve von Start zu Finish außen um den Irrgarten herum, oder sie ziehen eine Gerade quer durch den Irrgarten.

"Das ist gegen die Regel!", mögen Sie sagen.

Schauen Sie sich die Anleitung doch noch mal genau an. Nichts besagt, dass Sie innerhalb der Flure des Irrgartens bleiben müssen...nicht einmal innerhalb des Irrgartens selbst. Die meisten Menschen quälen sich jedoch durch den Irrgarten, weil sie Opfer konventionellen Denkens wurden. Sie haben Rätsel schon immer so gelöst, also *unterstellen* sie, dass sie wieder so eine Zick-Zack-Linie ziehen sollen. Das Resultat: Konventionelle Denker verwenden mehr und zusätzliche Zeit und Anstrengung auf dieses Puzzle, *weil sie sich auf etwas Falsches konzentrieren* - sie konzentrieren sich auf die Windungen und Kurven innerhalb des Irrgartens, und nicht auf die Anleitung.

Wenn Sie ebenfalls der Versuchung konventionellen Denkens auf den Leim gegangen waren, dann hatten auch Sie sich *auf das Falsche konzentriert* und den kürzesten Weg von Start nach Finish verfehlt. Unkonventionelle Denker arbeiten demgegenüber stets daran, ihren Blickwinkel zu ändern. Sie halten Ausschau nach Abkürzungen. Sie suchen kreative Lösungen. Sie bemühen sich um andere...bessere...und unkonventionelle Lösungen. Anders ausgedrückt, sie zwingen sich dazu, ANDERS ZU DENKEN! Und wenn wir anders denken, sind wir auch in der Lage, andere Ergebnisse zu erzielen.

Denken Sie wie Der (Laden)

Wenn Sie auch so sind wie die meisten, denken Sie auch beim Kaufen konventionell. Sie denken wie ein Konsument. Konventionelle Einsicht besagt, *dass Läden Vermögen dadurch schaffen, dass sie Zeugs verkaufen.* Konventionelle Einsicht besagt, dass *wir Vermögen aufbrauchen, wenn wir* den Läden *Zeugs abkaufen*. Konventionelle Einsicht besagt, dass Läden reicher werden. Wir werden ärmer. So liegen die Dinge nun mal.

Halt! Setzen Sie mal Ihre konventionelle Weisheitsbrille ab und lesen Sie noch einmal die Anleitung! Wo steht geschrieben, dass Sie wie ein Konsument denken und handeln müssen? Wo steht geschrieben, dass Sie sich kaufend durch Ladenauslagen quälen müssen? (Ist Ihnen, nebenbei bemerkt, schon mal aufgefallen, dass die Gänge von Supermärkten wie Irrgärten angelegt sind? Reiner Zufall? Denken Sie mal darüber nach...).

"DENKEN SIE ANDERS!", sage ich.

Sie können den Laden-Irrgarten durchbrechen. Oder Sie können den Laden-Irrgarten umgehen. Sie können aufhören, als Konsument zu denken und anfangen, wie ein Produzent zu denken. Sie können anfangen, wie ein Geschäftsinhaber zu denken, und nicht wie ein Angestellter. Sie können genauso leicht anfangen, wie der Laden zu denken und sich zur Vermögensschaffung zu positionieren, wie Sie damit fortfahren können, wie ein Kunde zu denken und Vermögen aufzubrauchen. Mit anderen Worten: Sie können beginnen, als Pro-Sument zu denken, und nicht mehr als Konsument.

Der erste Schritt ANDERS ZU DENKEN ist, *Ihren Konsumentenhut abzusetzen... und sich stattdessen den Produzentenhut aufzusetzen.* Diese schlichte Denkweisenänderung ist es, was die Habenden von den Habenichtsen trennt. Und die Reichen von den Armen. Und die Wunschträumer von den Zielbewussten. Das ist es, warum ich sage: *"Willst Du mehr, denk wie Der (Laden)."*

Sind Sie der Reiche... oder der Arme Vater?

Rich Dad, Poor Dad ist ein wunderbares Buch, das genau

das illustriert, auf was ich hinaus will. Der Autor, Robert Kiyosaki, ist mit "zwei Vätern" aufgewachsen. Sein natürlicher Vater war der "Arme Vater", ein gut gebildeter Freiberufler, der seinem Sohn beibrachte, konventionelles Denken weise den Weg zu Reichtum: "Studiere...arbeite hart...verdiene Geld...mach eine Karriere", das war der Rat vom Armen Vater.

Kiyosakis "Reicher Vater" war der Vater seines Freundes, der ihnen riet, nicht für Geld zu arbeiten, sondern Geld für sich arbeiten zu lassen! Die Philosophie des Reichen Vaters war erstaunlich simpel: Schlüssel zum Reichtum ist, den Unterschied zwischen einer Last und einem Wert zu erkennen.

"Ein Wert bringt dir Geld", lehrte sie der Reiche Vater. "Eine Last nimmt dir Geld. Die Reichen sammeln Werte. Die Armen und der Mittelstand erwerben Lasten, *glauben aber, es handle sich um Werte.*"

Anders ausgedrückt: Die meisten *meinen*, Geld zu "sparen", wenn sie mit Rabatt einkaufen; was sie aber in Wahrheit tun, ist, sich eine weitere Last zuzulegen. DENKEN SIE ANDERS!

Was sehen Sie beim Kaufen?

Es gibt ein altes spanisches Sprichwort, das zusammenfasst, wie unser Denken unsere Sicht der Dinge prägt: *"Sieht ein Taschendieb einen Priester, sieht er nichts außer Taschen."*

Ist das nicht ein tolles Sprichwort? Es veranschaulicht, wie unser Denken unsere Weltsicht färbt.

Taschendiebe denken nur an eines - Wertsachen aus den Taschen anderer zu stehlen. Bevor Taschendiebe ihr Verhalten ändern können, müssen sie ihre Denkweise ändern. Was, glauben Sie, würde passieren, wenn der Taschendieb "anders dächte" und die Welt mit des Priesters Augen sähe? Sein Leben würde sich um 180° drehen, nicht wahr?

Bei den Konsumenten haben wir das gleiche Phänomen - sie sehen die Welt als einen Ort zum *Geldausgeben,* nicht zum Geldverdienen an. Wenn Konsumenten Niedrigpreis-Läden oder -Websites betreten, ist alles, was sie sehen, Ware, für die man Geld ausgeben kann. Was aber passiert, wenn Konsumenten diese Ware aus der Sicht des Ladens sehen? Sie fangen an, Vermögenswerte statt Kontobelastungen zu sehen. Und sie beginnen ihre Transformation von Armen Vätern (und Müttern) zu Reichen Vätern (und Müttern).

Wenn Sie fortfahren, als Konsument zu denken, und zu "sparen" versuchen, indem sie alles mit Rabatt einkaufen, dann sind ihre Träume das einzige, wovon Sie schließlich Abschläge machen! Wenn Sie es darauf anlegen, alles mit Rabatt zu kaufen, dann sitzen Sie am Ende auf einer Garage voller Zeugs, das sie mit 40 % Nachlass kauften. Zwei Jahre später, wenn Sie das Gerümpel endlich wieder loswerden wollen, haben Sie Glück, wenn Sie das Zeugs für den Pfennig statt der Mark loswerden. Kurzfristig haben Sie vielleicht 40 Prozent "gespart", *langfristig jedoch haben sie Ihre Träume auf Null herabdiskontiert, weil Sie sich die nicht mehr leisten können!.*

Herrschaften, es wird auch für SIE Zeit, anders zu denken! Es ist Zeit, zu denken wie Der (Laden)...*dann haben auch SIE mehr!*

Teil II

PRO-SUM IM NEUEN JAHRTAUSEND

Das Internet macht es Konsumenten leichter denn je, Geld auszugeben.

Deswegen ist es so dringend notwendig, dass wir anfangen, wie Produzenten zu denken, und nicht wie Konsumenten.

Indem sie online bei sich selbst Kunde sind, können Pro-Sumenten die Kraft des Internets darauf ausrichten, mehr Einkommen statt mehr Ausgaben zu schaffen.

...3...

Das Internet ist der KingKong des Geschäftslebens - steckt aber immer noch in den Kinderschuhen!

In fünf Jahren wird jede Firma eine Internetfirma sein - oder sie wird keine Firma mehr sein.

Andy Grove, Aufsichtsratsvorsitzender, Intel

Haben Sie schon mal einen dieser alten schwarzweißen Monsterfilme aus den frühen Fünfzigern im Spätfernsehen gesehen? - Filme wie *Die Tarantel...Der Koloß...und Godzilla?*

Die Monster änderten sich von Film zu Film, doch das Drehbuch war mehr oder weniger immer das gleiche: Irgendwo auf der Erde explodiert eine Atombombe und schickt eine pilzförmige radioaktive Wolke in die Atmosphäre empor. Wenn die Wolke sich gesetzt hat, bringt die Radioaktivität alles in ihrer Reichweite dazu, zu mutieren und auf das Tausendfache der Normalgröße anzuwachsen.

Das Internet: Fremder als Fiction

Diese alten "Science Fiction"-Filme der 50er Jahre waren vielleicht unterhaltend, doch, ehrlich gesagt, *eher Fiction als Science (Wissenschaft)*. Heute, nur 50 Jahre danach, leben wir in einer Welt, die das genaue Gegenteil ist - *Science ist fremdartiger als Fiction!*

Nein, wir haben es nicht mit radioaktiven Wolken und mutierten Monstern zu tun. Stattdessen haben wir eine elektronische "E-Wolke", die die Welt umgibt und dabei ist, Millionen von Computern in einen einzigen lebenden Organismus zu transformieren, der sehr bald den ganzen Globus umfasst.

Wir bezeichnen dieses High-Tech-"Monster" als das Internet.

Das Internet-Monster ist bereits riesig - und es ist immer noch ein Baby! Bedenken Sie: Momentan haben 300 Millionen der sechs Milliarden Erdbewohner Internetzugang - das ist fast jeder zwanzigste. Experten sagen voraus, *dass es bis Ende 2010 eine Milliarde sein wird, die Internetzugang hat!* Eine Milliarde Menschen, über den Erdball verteilt, geographisch getrennt, doch durch eine elektronische Autobahn miteinander verknüpft - eine Milliarde Menschen, die durch einen einfachen Mausklick miteinander kommunizieren...von einander kaufen...und an einander verkaufen können. Science Fiction, ganz bestimmt!

Warum der ganze Trubel?

Als ich vor ein paar Jahren dabei war, mich im Internet zurechtzufinden, beschrieb einer meiner Freunde es als eine "Technik auf der Suche nach ihrem Zweck". Damals gab ich ihm recht. Heute tue ich das nicht mehr. Heute hat das Internet für mich die gleiche Bedeutung, wie das Fax für Geschäftsleute - *"Wie bin ich jemals ohne ausgekommen!"* Wenn das Internet nichts weiter wäre, als ein Mittel, um elektronische Post zu versenden, wäre es schon unter die größten Erfindungen der Geschichte einzustufen. Aber es ist so viel mehr!

Das Internet ist ein Bibliothek. Ein Telefonbuch. Eine Tageszeitung. Eine Videoarkade. Ein Reisebüro. Ein Museum. Ein Kreditinstitut. Ein Wertpapierhändler. Eine Kunstgalerie. Ein Lexikon. Ein virtuelles Büro. Ein Fotoalbum. Ein Musikgeschäft. Ein Videoverleih. Ein Tagungsraum. Ein politisches Komitee. Ein Postamt. Ein Sortierraum. Ein Autohändler. Ein gigantisches Einkaufszentrum. Sie verstehen schon, was ich meine.

Jede einzelne dieser Funktionen würde seine Existenz rechtfertigen. Es ist jedoch alles das zugleich - UND MEHR! Das Internet ist im Begriff, unsere Art und Weise, zu leben und zu arbeiten, ganz dramatisch zu ändern.

Das Zeitalter der Konsumenten

Die Internetfunktion, die am häufigsten im Gespräch ist, ist E-Kommerz, das heißt der An- und Verkauf von Waren via Internet. Das Magazin *Fortune* nennt E-Kommerz den größten Segen für Konsumenten seit Einführung der Kaufhäuser

Anfang des 20. Jahrhunderts. *Fortune* sagt darüber hinaus, dank des Internets werde das 21. Jahrhundert das "Zeitalter der Konsumenten" sein.

E-Kommerz ist bereits BIG, BIG Business, und steckt doch erst in den Kinderschuhen. Ein Wirschaftsjournalist vergleicht die Internetentwicklung mit einem Baseballspiel. Derzeit fängt das Internet gerade an, seine Schlagfähigkeit zu üben. *Das richtige Spiel hat noch nicht einmal begonnen.*

Vorhersagen deuten darauf hin, dass E-Kommerz zwar schlagkräftig Geld verdient, dass aber das ganz GROSSE GELD NOCH GAR NICHT VERDIENT WORDEN IST, wie nachstehende Grafik verdeutlicht.

E-Kommerz-Wachstumsprojektion

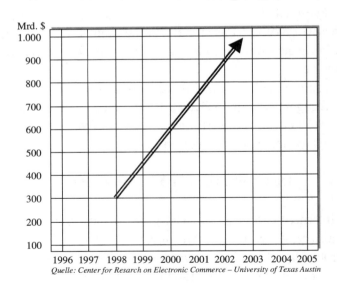

Quelle: *Center for Resarch on Electronic Commerce – University of Texas Austin*

Warum ist E-Kommerz solch ein Segen für Konsumenten? Aus zwei Gründen: Bequemlichkeit und niedrigere Preise. Nehmen wir uns einen Moment Zeit, beide Punkte näher zu betrachten.

Kaufen ist bestimmt bequem im Netz, keine Frage. Keine überfüllten Läden. Keine Staus auf den Straßen. Kein Warten an den Kassen. Die Läden sind pro Tag 24 Stunden, pro Woche sieben Tage, pro Jahr 365 Tage geöffnet. Und Ihre Bestellung wird ins Haus geliefert. Bequemer geht es nicht.

Was niedrigere Preise betrifft - nun, da haben die Konsumenten das Ruder ganz bestimmt in der Hand! Grund dafür: Naturgemäß ist das Internet weit, schnell und effizient. Es ist weitaus billiger, einen virtuellen "Klick- und Schick"-Laden zu eröffnen und zu betreiben, als ein herkömmliches "Stein- und Mörtel"-Geschäft. Außerdem eliminiert das Internet die Zwischenhändler. Diese Einsparungen werden den Kunden weitergereicht. Das resultiert in einem Zeitalter der Konsumenten - *so jedenfalls scheint es!*

Zeitalter der Konsumenten?...Oder: Zeitalter der Produzenten?

Setzen Sie für einen Moment Ihre Denkkappe auf. Unterm Strich, wozu sind all diese E-Kommerz-Sites überhaupt im Geschäft? Um Gewinn zu machen, stimmt's? Auf den ersten Blick mag es so scheinen, als täten sie Ihnen den Gefallen, Ihnen Ware mit Rabatt zu verkaufen.

Was aber wie das Zeitalter der Konsumenten aussieht, ist in Wirklichkeit das Zeitalter der Produzenten! Schauen Sie: Im Zeitalter der Produzenten zahlen Konsumenten kurzfristig niedrigere Preise. Langfristig aber sind es die Produzenten, die besser dastehen, denn sie schaffen sich *mehr Werte,* während sich die Konsumenten *mehr Lasten* aufbürden. Es ist ein ewiger Kreislauf: Die Produzenten verdienen Geld, während die Konsumenten Geld ausgeben. Die Produzenten werden reicher, während die Konsumenten ärmer werden. Was ist an diesem Bild falsch?

Die Bank gewinnt immer!

Steve Wynn, der Geschäftsführer des Mirage in Las Vegas, weiß einiges über Produzenten und Konsumenten. Wynn ist seit mehr als 25 Jahren in der Kasinobranche, und in dieser Zeit haben seine Spielbanken Milliarden Dollar Gewinn für Eigentümer und Investoren produziert.

Als einmal ein Journalist Wynn fragte, welches Glücksspiel in einem Kasino die höchsten Gewinnchancen hätte, lächelte der nur fein und erwiderte: *"Um im Kasino Geld zu machen, müssen Sie es besitzen."* Warum? Weil die Chancen immer für das Haus stehen. Infolgedessen wird die Spielbank stets Vermögen produzieren, während die Spieler stets Vermögen aufbrauchen.

Wynns weiser Rat gilt nicht nur für Leute, die spielen, sondern für alle Verbraucher. *Um in einem Laden Geld zu machen, müssen Sie ihn besitzen!* Menschen reden sich ein, sie könnten "sparen", wenn sie Zeugs im Ausverkauf oder mit Rabatt kauften, genauso wie Spieler sich einreden, mit Poker oder Würfelspiel Geld verdienen zu können. Im Endeffekt machen sie sich selbst nur etwas vor.

Es spielt keine Rolle, ob Konsumenten Sonderangebote oder online kaufen...ob sie zum Einstandspreis oder sogar darunter kaufen...sie werden es nie schaffen, durch Ausgeben reich zu werden. NIEMALS! Konsumenten machen nur Produzenten reicher! Per Definition bedeutet konsumieren, Geld auszugeben statt einzunehmen. Wenn Sie glauben, dass Spielbanken die Chancen auf ihrer Seite haben, was glauben Sie dann von Läden? Die gewinnen IMMER!

Wollen Sie Gorilla oder Banane sein?

Erst kürzlich las ich einen Börsenbrief, der Produzenten mit "Gorillas" und Konsumenten mit "Bananen" verglich. Diese Analogie ist anschaulich, finden Sie nicht? Jetzt frage ich Sie: Wer wären Sie lieber - der, der Geld VERDIENT oder der, der Geld AUSGIBT?

Die schlichte Wahrheit ist, dass die Konsumenten die Bananen und die Produzenten die Gorillas sind. Gorillas brauchen Bananen, um zu überleben. Daher kommen sie mit allen möglichen Tricks und Schemata (auch Marketing genannt) daher, um an mehr Bananen zu kommen. Hohe Nachlässe anzubieten, ist ihr "Lieblingstrick". Und die Bananen fallen jedesmal aufs Neue darauf rein. Sie stehen Schlange, um sich von den Gorillas fressen zu lassen, die immer fetter und immer fröhlicher werden.

In der Zwischenzeit werden die Bananen immer dünner und immer frustrierter. Sie hängen am Baum und fragen sich, warum in ihrem Leben nichts voran geht. Dann schreit so ein Gorilla: "Hier können Sie billiger einkaufen!", und auf einmal sind alle Bananen begeistert, hüpfen vom Baum und stellen sich an, um allesamt wieder aufgefressen zu werden. Aufgewacht und Morgenluft gewittert!

Achtung, Konsumenten! Eine Ankündigung: *Ihr Konsumentenplan funktioniert nicht!*

Ihnen wurde zu glauben eingebleut, dass Sie Geld sparen, wenn sie mit Rabatt einkaufen. Was Sie aber in Wirklichkeit tun, ist sich Verbindlichkeiten anzueignen... härter zu arbeiten, um mehr Billigware zu kaufen...und Schuldzinsen von 20 % aufwärts anzuhäufen, nur um die Produzenten fett und bei Laune zu halten.

Konsumenten, aufgewacht! Sie haben den falschen Plan gekauft! Und raten Sie mal, wer Ihnen diesen Plan verkauft hat? Genau - die Produzenten! Wenn Sie den Konsumentenplan mit dem Produzentenplan vergleichen, merken Sie leicht, warum die Produzenten möchten, dass alles beim alten bleibt. Nachstehende Übersicht sagt, wie's ist:

Konsumentenplan versus	*Produzentenplan*
1. Geld ausgeben	1. Geld einnehmen
2. Abhängige Beschäftigung	2. Firmenbesitz
3. Begrenztes Einkommen	3. Unbegrenztes Einkommen
4. Schuldakkumulation	4. Finanzielle Unabhängigkeit
5. "Old-Economy"-Denkweise	5. "New-Economy"-Denkweise
6. Lastenanhäufung	6. Vermögensbildung
7. Kurzfristige "Einsparungen"	7. Langfristiges Vermögen

Die Ankunft des E-Kommerz hat beide Pläne nur intensiviert. Onlinekonsumenten sind ganz begeistert, denn Geld auszugeben ist einfacher und billiger, denn je zuvor. Und Onlineproduzenten sind begeistert, denn sie können mit weniger Aufwand noch größer und fetter werden.

Das Internet hat eine neue Produzentenbrut hervorgebracht - den KingKong des Handels! Wie bei den Monstern in den Schwarzweiß-SF-Filmen hat sich die E-Wolke auf das Internetgorillababy herab gesenkt und es schneller wachsen und größer werden lassen, als je ein Gorilla zuvor! Was nun die Bananen angeht, so werden sie immer kleiner, während KingKong immer größer wird - und er steckt doch noch in den Kinderschuhen!

Was bleibt einem Konsumenten zu tun?

Der Vorteil des Produzenten-Seins

Produzenten genießen eine Menge Vorteile, die Konsumenten verpassen. Ob es Ihnen gefällt oder nicht, Geld hat seine Privilegien. Als Konsument gibt es für Sie einige Fragen, die Sie sich stellen sollten:

Wäre es nicht toll, dort zu leben, wo Sie leben wollen...statt dort, wo Sie es sich leisten können? Große Produzenten können es sich leisten, dort zu leben, wo sie wollen, und das in großem Stil. Wie sieht das bei Ihnen aus?

Wäre es nicht toll, Ihre Kinder auf die besten Universitäten zu schicken...statt sie daheim halten zu müssen, um das örtliche College zu besuchen?

Wäre es nicht toll, sich mit 35 oder 45 Jahre "zur Ruhe zu setzen" und finanzieller Unabhängigkeit zu frönen...statt mit 65 auszuscheiden, um dann von einer kleinen Rente und Sozialhilfe zu leben?

In Wahrheit können sich Produzenten ihren Lebensstil aussuchen, während Konsumenten ihren Lebensstil serviert bekommen. Darum frage ich Sie: Was wären Sie lieber? Ein prosperierender Produzent, oder ein knappsender Konsument?

Unterm Schlussstrich: Wenn Sie das haben wollen, was Produzenten haben...und leben wollen, wie Produzenten leben...*dann müssen Sie anfangen, wie ein Produzent zu denken und zu handeln!*

Die Achillesferse des Produzenten-Seins

Die Frage, die sich stellt, lautet: "Wie kann ich ein erfolgreicher Vermögensproduzent werden?" Da gibt es verschiedene Möglichkeiten. Eine ist, das zu tun, was ein Promille der Bevölkerung tut, und ein hochprofitables Geschäft aus dem Nichts aufzubauen. Das ist machbar. Sam Walton tat es mit Wal-Mart. Und Hunderte anderer legendärer Geschäftsmänner und -frauen taten es ebenfalls.

Aber sehen wir den Tatsachen ins Auge: Auf jeden Sam Walton kommen Millionen von uns Durchschnittskonsumenten. Ihre und meine Chance, eine weltweite Kette von Discountläden zu gründen oder das nächste Amazon.com im Internet, tendieren gegen eins zu zig Millionen. Es braucht Millionen Dollar...grenzenlosen Ehrgeiz...und seltene Intelligenz, um das zu tun, was diese Leute taten.

In Wahrheit haben Sie und ich ungefähr die gleiche Chance, ein neuer Michael Jordan zu werden, wie der nächste Sam Walton zu sein.

Der Pro-Sumenten-Plan:
Raffinierteres Kaufen schafft Vermögen

Es gibt aber einen Weg auch für 99,99 % der Menschheit, *das zu haben, was Produzenten haben,* ohne Millionen zu investieren. Indem sie ein System der Vermögensbildung lernen, anwenden und lehren, das sich Pro-Sumieren oder Pro-Sum nennt, können sich auch Normalbürger in die Lage versetzen, überdurchschnittliche Einkommen zu schaffen.

Für durchschnittliche Menschen ist Pro-Sum ein ganz natürlicher Weg, sich überdurchschnittliche Vermögen aufzubauen. Warum? Ganz einfach: Wenn wir pro-sumieren, wenden wir unsere Fähigkeiten und unser Können als Konsumenten an, und wenn es etwas gibt, in dem die meisten gut sind, dann ist es der Konsum!

Was wir NICHT so gut können, ist Reichtum zu produzieren. Als Pro-Sumenten verbünden wir uns jedoch mit einem bewährten Produzenten als Partner. Als Pro-Sument ist es unsere Aufgabe, Waren und Leistungen von dem Produzenten zu kaufen und denen, die wir kennen, weiter zu empfehlen. Aufgabe des Produzenten ist es, die Ware herzustellen, zu lagern und zu senden.

Der Produzent entlohnt uns, indem er uns Mengenrabatte und Provisionen für Empfehlungen auszahlt. Wir entlohnen den Produzenten, indem wir die Nachfrage nach seinen Produkten erhöhen. Es ist eine Win/Win-Situation. Wir Pro-Sumenten tun weiter das, worin wir gut sind. Die Produzenten tun weiter das, worin sie gut sind. Und jeder verdient Geld. *Ein fantastisches Konzept!*

Wenn wir als Pro-Sumenten eine Partnerschaft mit einem Produzenten eingehen, können wir alle Vorteile des Produzenten-Seins genießen, ohne eine der Lasten tragen zu müssen. Als Pro-Sumenten sind wir in der Lage, Geld zu verdienen, während wir Geld ausgeben. Ganz normale Bürger, die sich und ihre Familien reicher machen wollen, *müssen auf Konsum nicht verzichten. Sie müssen nur anfangen, zu pro-sumieren.*

Pro-Sum ist eines Konsumenten wahr gewordener Traum, wie nachstehende Gegenüberstellung von Produzentenplan und Pro-Sumentenplan illustriert.

Produzentenplan versus	*Pro-Sumentenplan*
1. Angestellte	1. Keine Angestellten
2. Hohe Fixkosten	2. Niedrige Fixkosten
3. Büros, Logistik	3. Von zuhause aus
4. Teure E-Kommerz-Plattformen	4. PC mit Internetanschluss
5. Große Werbebudgets	5. Mund-zu-Mund-Werbung
6. Gewinnausschüttungen an Eigentümer und Aktionäre	6. Ungeteilter Gewinn

Die allerbeste Nachricht ist die, dass das Internet es einem einfacher denn je gemacht hat, sich der Pro-Sumenten-Revolution anzuschließen.

Pro-Sument zu sein bedeutet, Verkehr zu Ihrem Partnerunternehmen zu dirigieren und dann anderen beizubringen, das gleiche zu tun. Was bedeutet, dass Sie nicht länger am Straßenrand sitzen und zusehen müssen, wie Produzenten am E-Kommerz-Boom reich werden. *Und denken Sie nur - als ein online Pro-Sument sind Sie in der Lage, mit denen im Gleichschritt reich zu werden.*

Teil III

DIE KONSUMENTEN-MENTALITÄT

Im Laufe der Jahre haben Läden mit einer Unmenge bewährter Strategien versucht, uns dazu zu bewegen, mehr Geld auszugeben. Dazu zählen hohe Nachlässe...unbürokratische Kreditgewährung... raffinierte Werbung...und kreative Auslagengestaltung und Produktarrangements.

Konsumenten hingegen sind naiv und ahnungslos, was uns zur leichten Beute für Läden macht, die uns zu mehr Ausgaben manipulieren wollen.

Das Ergebnis? Die Läden machen Rekordgewinne, während die Konsumenten Rekordschuldenberge aufhäufen.

TEIL III

DIE KOPFSCHMERZCHRONIZITÄT

… 4…

Wie auch immer, Sie zahlen!

Es gibt fast nichts auf dieser Welt, das Menschen nicht ein bisschen schlechter herstellen und ein bisschen billiger verkaufen könnten, und die, die nur auf den Preis schauen, sind dieser Menschen rechtmäßige Beute.
John Rushkin,
Englischer Kunstkritiker und Historiker

Bis vor kurzem hatte ich noch nie in einem Discountladen eines Verbraucherclubs eingekauft. Dem Drängen von Freunden und Verwandten nachgebend, entschied ich mich, einen örtlichen Discountladen auszuprobieren. Seien Sie versichert, dort kriegt mich keiner mehr hin!

Ich will den Namen des Clubs, in den ich ging, nicht nennen, aber von außen sah er aus wie ein Flugzeughangar.

Nur größer. Und häßlicher. Als meine Frau Jeanne und ich uns auf den Eingang zu bewegten, konnten wir nicht umhin, den Müll zu bemerken, der überall auf dem Parkplatz verstreut war. Es sah aus, wie nach einer Hinterhofparty. Zwei überquellende Abfalleimer, von glimmenden Zigarettenstummeln eingekreist, bewachten den Eingang.

"Wenn's schon vor dem Laden so aussieht, wie sieht es dann wohl an der Hintertür aus!", sagte ich zu Jeanne.

"Darüber möchte ich gar nicht erst nachdenken," sagte sie mit gequältem Lächeln. "Aber ich garantier dir, wir werden hier nichts Frisches kaufen."

Das Innere des Warenhauses glich einem Rot-Kreuz-Zentrum. Die betonierten Gänge waren von riesigen Metallregalen gerahmt, auf denen riesige Pappkartons bis zur Decke gestapelt waren, jeder groß genug, um einen Kleinwagen darin zu versenden. Wir mussten zwei Blocks weit laufen, um zur Abteilung Dosennahrung zu gelangen. Natürlich waren die Preise extrem niedrig! Kein Wunder: Gebackene Bohnen gab es in 5-kg-Containern. Thunfisch gab es in 3-kg-Dosen. Ketchup in 5-kg-Behältern (nicht etwa Flaschen, wohlgemerkt. KANISTER!).

Wir schafften es, erfolgreich ein Fass eingelegter Gurken vom Regal zu manövrieren, ohne es fallen zu lassen, und machten uns in Richtung Kasse auf. Überraschung! Es gab keine Tüten, und wir hatten nicht daran gedacht, welche mitzubringen. Kein echtes Problem. Wir konnten die Gurken auch zum Auto rollen. Hätte ich doch nur einen Gabelstapler mitgebracht, um sie in den Kofferraum zu hieven...

Jeder kriegt das, wofür er zahlt

Ich nehme an, solche Verbraucherclubs sind ein fantastischer Platz zum Einkaufen, wenn man Koch im Verbindungshaus oder Verwalter eines Internates ist. Für die meisten macht dieser Ausverkauf einfach keinen Sinn.. Klar, Sie sparen kurzfristig ein paar Mark. Aber das Einkaufserlebnis ist so unerfreulich und die Verpackungsgrößen sind so riesig, dass es die Sache im Endeffekt einfach nicht wert ist.

Einkaufserlebnisse dieser Art dienen dazu, uns daran zu erinnern, *dass jeder das bekommt, wofür er zahlt.* Sie bekommen vielleicht einen *niedrigeren Preis*...aber Sie *zahlen* dafür mit Unbequemlichkeit...deprimierender Umgebung...oder lausigem Service (meist mit allem drei auf einmal).

Daher sage ich: "Wie auch immer, Sie zahlen."

Wenn Menschen vom Preis von etwas sprechen, dann meinen sie meist den Geldbetrag, den sie bereit sind, im Austausch für eine Ware oder eine Dienstleistung zu zahlen. Ich aber habe eine andere Definition von "Preis". Hier ist meine: *Preis ist das, worauf Sie verzichten müssen, um das zu bekommen, was Sie wollen.*

Denken Sie einmal darüber nach. Als ich ein 20-l-Fass voller Gurken vom Verbraucherclub nach Hause schleppte, war der Preis um 5 $ billiger, als wenn ich fünf 4-l-Behälter im örtlichen Supermarkt gekauft hätte. Bedenken Sie aber, auf was ich für diesen Preis *verzichten musste:*

Ich musste den halben Ort durchqueren, um dorthin und wieder zurück zu kommen, wofür *ich mindestens ein Stunde meines Tages aufgab. Ich musste auf die freundliche Kassiererin* in unserem örtlichen Supermarkt verzichten. Und ich musste auf den *hilfreichen Jungen an der Kasse verzich-*

ten, der die Einkäufe zum Auto trägt.

Was bekam ich als Gegenleistung für meine eingesparten 5 $? Unfreundliche Kassiererinnen...keine Tüten...und einen langen Marsch durch eine häßliche Lagerhalle. Kurzum, ich gab ein erfreuliches Einkaufserlebnis in einem bequemen Supermarkt für ein unerfreuliches Einkaufserlebnis am anderen Ende der Stadt hin. All das gab ich für fünf lausige Dollar auf. Nun verstehen Sie, was ich meine, wenn ich sage: *Preis ist das, worauf Sie verzichten müssen, um das zu bekommen, was Sie wollen.*

Trabbi fahren und zu Hause kochen

Wenn Geld das einzig ausschlaggebende für unsere Kaufentscheidungen wäre, würden wir alle einen Trabant fahren und jeden Abend zu Hause kochen, stimmt's? Warum also tun wir das nicht? *Weil wir so viele wunderbare immaterielle Werte für diese Niedrigstpreise aufgeben müßten, deswegen.*

Wie auch immer, Sie zahlen.

Wussten Sie, dass damals, in den 60er Jahren, nur 6 % der Mahlzeiten außer Haus eingenommen wurden? Heute sind es 60 %, und die Zahl steigt jährlich. Ist es, weil es billiger ist, außer Haus zu essen? Natürlich nicht. Wir essen deswegen so oft auswärts, weil es bequemer ist. Es spart uns Zeit. Jemand bedient uns. Danach gilt es, keine Teller abzuwaschen. Die Lebensmittel selbst machen nur 30 % der Rechnung aus. Die restlichen 70 % sind für immaterielle Werte, wie Atmosphäre... Bequemlichkeit... Bedienung...und so weiter. Trotzdem wird drei - bis viermal pro Woche unser hart verdientes Geld liebend gern "aufgegeben", um dafür solche immateriellen Werte zu bekommen.

Wert versus Kosten

Haben Sie jemals den Ausdruck "Mehrwert" gehört, um ein Produkt oder eine Dienstleistung zu beschreiben? Mehrwert besagt, dass ein Hersteller oder Anbieter geldwerte immaterielle Leistungen im Preis inkludiert hat. Ein Beispiel: Ein Computerhersteller, der "kostenlose" Software oder "kostenlosen" Online-Service mit anbietet, ist ein wertschöpfender Hersteller. Die erfolgreichsten Unternehmen haben begriffen, dass der Wert wichtiger ist, als die Kosten, und deshalb bauen sie ihre Markennamen auf *Mehrwertschöpfung* statt auf *Stückkostenminimierung* auf.

Rolex-Uhren sind dafür ein perfektes Beispiel. Rolex-Uhren sind sehr akkurate Zeitmesser. Trotzdem könnten Sie tausend Timex-Uhren für den Preis einer Rolex kaufen. Wenn beide Marken gleich verläßlich sind, woher kommt dann der riesige Preisunterschied? Mit einem Wort: Der Preisunterschied zwischen Timex und Rolex ist ein immaterieller Wert, genannt "Status". Rolexträger drücken aus, dass sie sich nicht nur die Notwendigkeiten, sondern auch die Annehmlichkeiten des Lebens leisten können. Bei einer Rolex geht es nicht so sehr um Zeitangaben, sondern darum, der Welt zu sagen, dass man erfolgreich ist. Daher zahlen Rolexbesitzer aus freien Stücken Tausende von Dollar für den "Mehrwert".

Starbucks Café ist ein weiteres Beispiel dafür, dass Menschen bereit sind, für Immaterielles weit mehr zu zahlen, als für das Produkt selbst. Wenn Starbucks Kunden 3 $ für Kaffeebohnen im Wert von 25 Cents zahlen, dann zahlen sie zwölfmal so viel, als wenn sie diesen Kaffee zuhause tränken - *zwölfmal!* Und doch stehen sie für dieses Privileg Schlange.

Fühlen Sie sich über den Tisch gezogen? Keinesfalls! Im Gegenteil, die meisten sind Stammkunden. Die Wahrheit ist, dass Starbucks Kunden nicht nur wegen einer Tasse Kaffee dorthin pilgern, ebenso wenig wie Rolexkunden nur eine Uhr wollen. Starbucks Kunden sehen ein, dass sie für *das Erlebnis,* das mit ihrer Tasse Kaffee einhergeht, zahlen. Und sie schätzen diesen immateriellen Wert so sehr, dass Starbucks ständig expandiert und seinen Gewinn Jahr für Jahr steigert.

Billiger heißt nicht unbedingt besser

Was, glauben Sie, würde passieren, wenn ein Billigkaffeestand ohne alle Kinkerlitzchen neben jedem Starbucks Café auf der Welt eröffnet würde, der den gleichen Kaffee für 1 $ statt 3 $ anböte? Würde das Starbucks in den Ruin treiben?

Ganz bestimmt nicht, denn sonst hätte das irgendein umtriebiger Unternehmer schon längst getan. Der Punkt ist, dass *billiger nicht unbedingt besser heißt.* Die gleichen Mitmenschen, die 20 Meilen zum nächst gelegenen Discountladen fahren, um 5 $ auf ein 20-l-Fass Gurken zu sparen, halten bei Starbucks auf dem Rückweg an, um 10 $ für zwei Tassen Kaffee und einen tagealten Keks auszugeben. Suchen Sie die Logik...

Pfennigfuchser, die mit dem Pfund nicht wuchern

Als ein Volk von Verbrauchern wurde uns eingetrichtert, dass wir "clevere Käufer" sind, wenn wir Zeugs im Angebot oder mit viel Rabatt einkaufen. *Leider vergessen wir dabei, all das zu bewerten, auf das wir verzichten mussten, um den billigeren Preis zu bekommen.*

Die Konkurrenz zwischen den beiden führenden Reifenherstellern Michelin und Goodyear lehrt uns, dass billig kaufen kein Synonym für clever kaufen ist.

Folgendes trug sich zu: 42 Jahre lang war Goodyear weltweit die Nummer Eins der Reifenhersteller. Sie waren so stolz auf diese führende Position, das sie den Goodyearzeppelin zu allen bedeutenden Sportveranstaltungen im ganzen Land schickten. Meilenweit konnte man den Goodyearzeppelin über einer Stadt mit der Aufschrift *"Goodyear. No. 1 in Reifen."* lesen.

Vor ein paar Jahren lag Michelin umsatzmäßig weltweit nur auf Rang sieben, weit hinter Branchenführer Goodyear. Weil Goodyear ein Massenhersteller war, konnte Michelin auf keinen Fall mit Goodyear konkurrieren, indem es die Preise unterbot. Tatsache war, dass Michelin-Reifen aus gutem Grund teurer waren - sie waren von besserer Qualität.

Michelins Geschäftsleitung fällte die weise Entscheidung, Goodyear die Marktführerschaft für Billigreifen zu überlassen. Michelin war davon überzeugt, weltweit die Nummer Eins auf dem Reifenmarkt werden zu können, wenn es sich auf Qualität und Innovation statt auf Kostenminimierung konzentrierte. Michelins größte Herausforderung war, herauszufinden, wie man am besten verkündet, dass in Bezug auf Reifen billig ganz bestimmt NICHT besser ist!

Zu dem Zeitpunkt brachte Michelin eine der erfolgreichsten Werbekampagnen der Geschichte heraus. Sie produzierten eine Serie von Werbespots, in denen fröhliche Babies in ihren Reifen saßen. Der Slogan der Kampagne war aussagekräftig:

"Weil so viel von Ihren Reifen abhängt."
WOW! Schlug diese Anzeigenkampagne ein! Wer Michelins Anzeige sah, war sich sofort darüber im Klaren, dass es weiser wäre, besser und nicht billiger zu kaufen. Ich meine, welcher Rechtschaffene würde wohl das Leben seiner Familie aufs Spiel setzten, um 100 $ beim Reifenkauf zu sparen? Michelins Kampagne traf überzeugend den Nerv des Publikums. Binnen fünf Jahren überholten sie Goodyear als weltweite Nummer Eins der Reifenhersteller. Und sie taten es, indem sie Qualität promovierten, nicht Preis.

Auf Ihren Kaufentscheid kommt es an

Michelin hatte recht - von unseren Reifen hängt tatsächlich viel ab, wie auch viel von ALL unseren Kaufentscheidungen abhängt. Michelins Annoncen machten einem die Bedeutung immaterieller Werte wirklich klar - insbesondere die von Gesundheit und Sicherheit.

Aber wie steht es mit unserer finanziellen Gesundheit und Sicherheit?...Vieles hängt doch auch davon ab, finden Sie nicht?

Die Wahrheit ist doch, dass wir uns nicht damit abgeben müßten, die billigsten Reifen zu kaufen oder das billigste von irgendwas in diesem Kontext, wenn wir nur genügend Geld hätten.

Als Multimilliardär Bill Gates seine 4.000 m²-Villa in Seattle am See bauen ließ, glauben Sie, es hat ihn wirklich geschert, ob sein Baumeister 20 % an einer Trockenwand sparte, oder nicht? Wohl kaum, der Mann ist 100 Milliarden Dollar schwer! Glauben Sie, seine Frau fährt zu drei verschiedenen Discountern, um Preise für Pampers zu vergleichen?

Seien wir doch realistisch!

Ich frage Sie: Möchten Sie wirklich den Rest Ihres Lebens damit verbringen, von einem Laden zum nächsten zu fahren, nur um ein paar Piepen zu sparen? Wenn Sie die Wahl hätten, würden Sie Ihre wertvolle Zeit nicht viel lieber dafür einsetzen, sich ein Vermögen und finanzielle Freiheit aufzubauen?

Wenn Menschen nach hohen Preisnachlässen Ausschau halten, wonach glauben Sie, suchen die IN WIRKLICHKEIT? - Kurzfristig ein paar Kröten zu sparen? Oder suchen sie IN WIRKLICHKEIT nach langfristiger finanzieller Freiheit? Wer intelligent ist, ist meiner Meinung nach IN WIRKLICHKEIT hinter langfristiger finanzieller Freiheit her.

Wie steht es mit Ihnen?

Eine letzte Frage noch: Wenn ich Ihnen einen Weg aufzeigen könnte, finanziell frei und unabhängig zu werden, indem Sie Waren und Leistungen zu fairen und vernünftigen Preisen (statt zu billigsten Preisen) kaufen, würden Sie dann Ihr Kaufverhalten ändern?

Intelligente Käufer, wie z. B. der Reiche Vater in dem Buch *Rich Dad, Poor Dad* würde diese Frage mit "Ja" beantworten.

Und Sie?

...5...

Ein Laden ist Ihnen kein Freund!

*Während des Einkaufs sind Ihre
Emotionen fremdbestimmt.*
Terri Goldstein,
Marketing-Berater im Einzelhandel

Es gibt einen Witz, den ich gern meinen Marketing-Studenten erzähle, um ihnen den Unterschied zwischen gutem Marketing und übler Ethik zu veranschaulichen, und der geht so:

Ein Mann kommt in eine Veterinärpraxis und will den Tierarzt sprechen.

"Ich habe ein echtes Problem mit meinem Rennpferd," sagt der Mann.

"Wo liegt das Problem?", fragt der Veterinär.

"Nun, manchmal läuft es ganz gut, und manchmal hinkt es furchtbar. Was schlagen Sie vor?"

"Das nächste Mal, wenn es gut läuft," antwortet der Tierarzt, "sollten Sie es verkaufen!"

Meine Studenten lachen immer, aber es dauert nie lang, bis wir in eine ernsthafte Diskussion über das Konzept der Wahrheit in der Werbung vertieft sind. Ich erkläre dann, dass es falsch ist, Kunden bewusst zu täuschen. Der Rat des Tierarztes sollte daher nicht ernst genommen werden. Üble unethische Gesinnung ist schlechtes Geschäftsgebaren, schlicht und ergreifend.

Andererseits zeugt es von gutem Geschäftssinn, ein Produkt in seinem besten Licht zu zeigen. Es ist nichts Unethisches daran, Leute glauben zu machen, ein Produkt mache sie glücklicher...oder gesünder...oder reicher...oder hübscher oder was auch immer. Darum geht es ja gerade beim Marketing - ein Produkt so von seiner besten Seite zu zeigen, dass Verbraucher es unbedingt besitzen möchten.

Ein Laden ist Ihnen kein Freund

Läden sind Meister darin, sich von ihrer besten Seite zu zeigen. Sie meistern es fabelhaft, dass wir uns bei ihnen wohl und wie zuhause fühlen - gerade so wie unter Freunden.

Zum Beispiel bieten Läden alles auf, um *freundlichen Service* zu bieten. Supermärkte lassen sich *in unserer Nachbarschaft* nieder - so wie es gute Freunde tun. Die großen Discountketten öffnen früh und schließen spät, und das sieben Tage die Woche. Damit *machen sie sich verfügbar* - wie ein guter Freund eben. Bekanntlich hat jedes Geschäft in Wahrheit einen "Geheimplan", den wir manchmal aus den Augen verlieren, nämlich den, *dass Läden im Geschäft sind, um einen Gewinn zu erwirtschaften.*

Je mehr uns Läden überzeugen können, sie seien unser Freund, desto wahrscheinlicher werden wir immer wieder kommen, um mehr Geld auszugeben.

Das hat nichts mit Freundschaft zu tun. Das ist Marketing.

Daher sage ich: "Ein Laden ist Ihnen kein Freund." Läden *verhalten* sich nur freundlich, damit wir noch mehr bereit sind, ihnen unser Geld zu geben. Verstehen Sie mich nicht falsch: Ich sage nicht, dass freundlicher Service etwas schlechtes ist. Ganz im Gegenteil. *Aber für Läden ist freundlicher Service eine Funktion des Marketing.* Und der Zweck des Marketing ist es, mehr Ware zu verkaufen, um mehr Gewinn zu erzielen.

Meister des Marketing

Mit den Jahren sind die Läder Meister des Marketing geworden. Durch Versuch und Fehler und durch Forschung haben die Ladeninhaber entdeckt, welche "geschäftlichen Tricks" Käufer am effektivsten dazu bewegen, immer mehr von ihrem hart verdienten Geld auszugeben.

Forschungen haben z. B. ergeben, dass Käufer mehr in Läden ausgeben, die schöne Auslagen haben...hohe Nachlässe anbieten...kostenlose Pröbchen verteilen...und freundliches Personal einstellen. Auf den ersten Blick sieht es so aus, als würden sich Läden für uns Verbraucher ein Bein ausreißen.

Aber Läden reißen sich ihr Bein nicht aus, weil sie wahr und wahrhaftig um Ihr persönliches Wohlbefinden *besorgt sind. Die schlichte Wahrheit ist, dass sie all das nur tun, damit Sie sich so wohlfühlen, dass Sie ihnen mehr von Ihrem Geld geben!* Sie sind genauso um Sie besorgt, wie, nun ja, wie ein Kasino um die Glücksspieler besorgt ist. So lange das Geld stimmt, ist der Kunde König. Kein Geld, kein Thron. Nicht persönlich gemeint, verstehen Sie. Rein geschäftlich.

Läden *geben sich freundlich,* um Sie in Spendierlaune zu bringen. Aber lassen Sie sich nicht täuschen: Läden sind da, nicht um Freunde, sondern um Profit zu machen. Sich freundlich zu geben, ist nicht unethisch. Sich freundlich zu geben, ist reines Marketing...rein geschäftlich, verstehen Sie - gut fürs Geschäft!

Warum, glauben Sie wohl, stellt Wal-Mart Türsteher ein, um Sie zu begrüßen? Eine freundliche Begrüßung gibt Ihnen das Gefühl, begehrt zu sein, habe ich recht? Sie fühlen sich willkommen. Sie fühlen sich wie ein Mensch, und nicht wie eine Nummer.

"Wie geht's Ihnen heute?", fragen lächelnde Wal-Mart-Türsteher Sie vielleicht. *"Darf ich Ihnen einen Einkaufswagen holen? Kann ich Ihnen mit irgendwas behilflich sein? Viel Spaß bei Ihrem Besuch."* Wenn freundliche Wal-Mart-Portiers -meist ältere Herrschaften, die Sie an liebe Großeltern erinnern- Sie anlächeln und sich nach Ihrem Befinden erkundigen, versetzt Sie das doch gleich in gute Laune, nichtwahr?

Aber Moment mal: Wenn Sie einen dieser Türsteher an der Bushaltestelle wieder treffen, glauben Sie, er würde Sie genauso freundlich ansprechen? Keine Chance. Warum tun sie es dann so enthusiastisch, wenn Sie einen Wal-Mart betreten? *Weil es ihr Job ist, deswegen! Sie werden fürs*

Freundlichsein bezahlt!
Portiers werden darauf trainiert, zu lächeln und Ihnen mit freundlicher Stimme vorgegebene Fragen zu stellen. Dafür erhalten sie Ende jeder Woche einen Gehaltsscheck. Nicht persönlich gemeint, verstehen Sie. Rein geschäftlich. Und wie gut fürs Geschäft! Wal-Marts "freundlicher Service" ist einer der Gründe, warum es eine der erfolgreichsten, profitabelsten Einzelhandelsketten der Welt ist.

Tricks der Branche

Sie von lächelnden Senioren am Eingang begrüßen zu lassen, ist nur einer von hunderten "geschäftlicher Tricks", die Läden benutzen, um Kunden zu bewegen, mehr Geld auszugeben. Wenn ich den Ausdruck "geschäftliche Tricks" verwende, will ich damit nicht sagen, dass Läden unethisch halndeln. Sie verstehen es einfach gut, sich und ihre Ware so zu präsentieren, dass Sie sie kaufen wollen - hier und heute.

Gutes Marketing ist wie eine romantische Verabredung. Wenn Sie endlich eine Verabredung mit Ihrem "Traumpartner" haben, tun Sie doch auch alles, um sich von Ihrer besten Seite zu zeigen. Sie wären höflich. Aufmerksam. Freundlich. Sie würden genau die passende Garderobe wählen und zu dieser besonderen Gelegenheit sogar Ihre Schuhe putzen. Sich von seiner besten Seite zu zeigen, ist nicht das gleiche wie Täuschung. Sich für ein erstes Rendezvous herzurichten, ist nur einer der "geschäftlichen Tricks" bei romantischen Verabredungen, und diese Tricks helfen Ihnen, das zu bekommen, was Sie wollen, nämlich ein zweites, drittes und viertes Rendezvous!

Mit Läden ist es nicht viel anders. Wenn ein Geschäft eine schöne Auslage für seine Handelsware herrichtet, will man Sie nicht täuschen. Man benutzt nur einen der vielen "geschäftlichen Tricks" der Branche, um sein Ziel zu erreichen - und das ist, Sie dazu zu bringen, immer wieder Waren und Dienstleistungen zu kaufen.

Der Laden ist Experte - Sie sind Amateur

Über die Jahre haben es die Läden sehr gut verstanden, ihre Absicht, uns von unserem Geld zu trennen, zu verwirklichen. *Sehr gut sogar!* Um genau zu sein, sind Geschäfte viel besser im *Verkaufen* geworden, als wir im *Kaufen*. Sehen Sie, Läden sind VERKAUFSEXPERTEN, während die meisten von uns EINKAUFSAMATEURE sind. Das liegt daran, dass Verkauf deren Hauptberuf ist. Es ist der Zweck ihres Daseins. Verkaufen ist das, was sie studieren...worüber sie nachdenken...und was sie jeden Tag immer wieder aufs Neue tun.

Der Durchschnittskunde hingegen kauft nur gelegentlich. Wir sind alles andere als Experten. Läden kennen all die "geschäftlichen Tricks", um uns zum Kaufen zu verführen. Und was haben wir? Eine Einkaufsliste und ein Auto an einer abgelaufenen Parkuhr. *Das ist kein fairer Kampf!*

Das Verhältnis von Laden zu Kunden erinnert mich an das, das ich zu meiner Hündin Fitch hatte. Sie liebte es, dem eingezäunten Hinterhof zu entwischen. Wenn ich morgens zur Arbeit fuhr, ließ ich sie immer im Hinterhof los. Wenn ich von der Arbeit heim kam, erwartete sie mich stets im Vorgarten!

Nach ein paar Monaten kam ich zur Einsicht: Ich würde Fitch nie eingepfercht halten können, denn sie hatte es sich zur Lebensaufgabe gemacht, aus dem Hinterhof zu entwischen. Ich musste einen neuen Zaun nach Feierabend bauen, um sie drinnen zu halten. Fitch aber machte Ausbüxen zu ihrem Hauptberuf. Es wurde zum Zweck ihres Daseins. Und egal, mit was für einer neuen Umzäunung ich auch ankam, es war nur eine Frage der Zeit, bis Fitch einen Weg drumherum fand.

Hauptberufsläden versus Freizeitkäufer

Das "Spiel", das Fitch und ich spielten, ist wie das, das Sie mit dem Einzelhandelsgeschäft spielen. Sie und ich, wir haben pro Tag nur ein paar Minuten Zeit, um uns über cleveres Kaufen Gedanken zu machen. Wir haben unsere Arbeit. Wir haben unsere Familie. Wir müssen unser Leben leben. Einkaufen ist für uns nur eine Teilzeitbeschäftigung.

Wie bei Fitch ist dagegen des Ladens Zweck sein Hauptberuf! Der Laden hat den ganzen Tag nur eines im Sinn, Tag für Tag, Woche für Woche, Jahr für Jahr. Sobald wir Kunden Barrikaden gegen das Kaufen errichten, wenn wir uns z. B. entschließen, unsere Ausgaben zu kontrollieren und für mindestens ein Jahr keine größeren Käufe mehr zu tätigen - dann finden die Läden schon einen Weg über, unter oder durch die Barrikaden unseres Widerstandes, mit Angeboten wie: KEINE ZAHLUNG FÜR ZWÖLF MONATE!

Die schlichte Wahrheit ist, dass wir es mit den ganzen Ideen, auf die ein Laden kommt, um uns von immer mehr unseres Geldes zu trennen, unmöglich aufnehmen können. Sein Metier ist es, uns in die Taschen zu langen. Wenn wir einen Laden betreten, sind wir auf dessen Territorium. Wenn das kein Heimvorteil ist! Wenn wir ein Ladengeschäft betreten, dann ist das so, als beträten wir einen Löwenkäfig mit nichts als einer Wasserpistole.

Wir haben keine Chance!

Warum wir kaufen

Heutzutage haben die Läden Marketing zu einer Wissenschaft gemacht - im wahrsten Sinne des Wortes! Gerade so wie Anthropologen fremde Kulturen studieren, studieren die Anthropologen des Handels die Kunden, um herauszufinden, aufgrund wessen sie ihre Kaufentscheidungen treffen. Ein Absatzwissenschaftler namens Paco Underhill verbrachte tausende von Stunden damit, Kunden zu beobachten... nachzuspüren... zu filmen... aufzunehmen...und zu interviewen. Er veröffentlichte seine Erkenntnisse in dem Bestseller *Why We Buy: The Science of Shopping,* und dies Buch zu lesen, wurde in kurzer Zeit ein Muss für alle Einzelhändler. Das Buch enthüllt die Kaufverhaltensmuster von Kunden und erklärt Einzelhändlern, wie sie ihre Verkaufszahlen drastisch steigern können, wenn sie sich ein paar simple Strategien aneignen.

Ein Beispiel: Tausende Stunden Videoaufnahmen offenbarten, dass Käufer sich meist nach rechts wenden, wenn sie einen Laden betreten. Dessen eingedenk werden nun in Flughäfen alle Boutiquen und Läden rechts und Restaurants und Bistros links plaziert, weil man weiß, dass sich die Masse erst einmal nach rechts wenden wird, um Geld für Mitbringsel auszugeben, ehe sie sich einen Happen zu essen kauft.

Gefühle werden manipuliert

Auf den folgenden Seiten werde ich Sie mit einigen weiteren "Tricks" vertraut machen, die Läden anwenden, um Sie zu bewegen, mehr Ware zu kaufen. Ein Teil des Materials stammt aus Underhills Buch. Ein anderer ist einem Exposè für Barbara Walters Sendung *20/20,* ABCs wöchentlichem Nachrichtenprogramm, entnommen. Den Rest steuert meine jahrelange Erfahrung als Professor für Marketing bei.

Tausende rentabler Ladengeschäfte setzen diese Strategien ein, um ihre Umsatzbasis anzuheben. Andererseits weiß nur einer aus einer Million Kunden, dass man sie "austrickst". Die große Mehrheit der Kunden sind nichtsahnende Gänse, die nur darauf warten, gerupft zu werden. Underhill fasst die Auseinandersetzung zwischen gewieften und ahnungslosen Kunden wie folgt zusammen:

Immer mehr Kaufentscheidungen werden im Inneren des Ladens selbst gefällt. Die Kunden haben verfügbares Einkommen und sind offenen Sinnes, und sie geben Impulsen nach. Die Lage des Handels war noch nie besser.

Sieht ganz so aus, als seien die Karten zuungunsten der Kunden und zugunsten der Läden gemischt, nicht wahr? Wundert es da, dass 70 % unserer Käufe in Läden Impulskäufe sind! Fabrikläden verstehen es meisterhaft, Kunden zu Impulskäufen zu verführen, weshalb der Durchschnittskäufer dort laut *Forbes Magazine* im Schnitt 50 $ mehr ausgibt, als in einem Supermarkt.

Ironischerweise glauben Kunden, Geld zu sparen, wenn sie ab Fabriklager kaufen, tatsächlich aber geben sie im Endeffekt *mehr Geld aus!* Wie gesagt, Läden sind die Profis und wir die Amateure. Keine Chance, sie auf ihrem eigenen Feld in diesem Spiel zu schlagen. UNMÖGLICH!

Lassen Sie uns nun einen Blick auf die zehn gängigsten Strategien werfen, die Läden anwenden, um Kunden dazu zu bringen, mehr Handelsware zu kaufen.

Trick 1: Halte sie länger im Laden!

Laut Underhill ist der wichtigste Einzelfaktor, der darüber entscheidet, wieviel ein Kunde einkaufen wird, die Zeit, die er im Laden verbringt. Dies im Sinn, versuchen Läden, Sie so lange wie möglich im Geschäft zu halten. Sie setzen sanfte, beruhigende Musik und Beleuchtung ein, um Sie zu entspannen und Ihr Tempo langsamer werden zu lassen. Ein Beleuchtungsberater setzte sich zum Ziel, den Lidschlag der Kunden von 30 auf 14 mal pro Minute zu reduzieren! Warum? Untersuchungen ergaben, dass Ihr Lidschlag umso langsamer ist, je entspannter Sie sind und je langsamer Sie gehen. Haben Sie sich jemals gefragt, warum sich die Gänge so winden? Damit Sie langsamer gehen müssen und, Sie vermuten richtig, mehr einkaufen!

Trick 2: Steigere die Zahl der Spontankäufe!

Die Forschung zeigt, dass wir uns für zwei von drei Artikeln, die wir im Laden kauften, impulsiv entschieden! Mit diesem Wissen richten die Einzelhändler ihre Läden so aus, dass sie Kunden animieren, mehr zu kaufen. Das klassische Beispiel ist der Süßigkeitenstand an der Kasse. Solche Spontankaufgelegenheiten sind jedoch über den ganzen Laden verstreut. Achten Sie z. B. bei Ihrem nächsten Einkauf mal darauf, wie bei Obst und Gemüse auf einmal Tortenböden und Schlagsahne ganz zweckmäßig neben den frischen Erdbeeren aufgestellt wurden.

Trick 3: **Verkauf den Kindern, die Eltern werden zahlen!**
Underhills' Videoaufnahmen zeigten, dass Hundefutter und Cornflakes oft von Kindern ausgesucht wurden. Die Kameras fingen Kinder bei dem Versuch ein, die Regale zu erklettern, um an die Schachteln zu kommen. Als die Läden Frühstücksflocken und Tiernahrung auf die mittleren Fächer verlegten, stiegen die Umsätze von einem Tag auf den anderen! Das gibt der Redensart "einem Kind den Schnuller wegnehmen" eine ganz neue Bedeutung, nicht wahr?

Trick 4: **Nutze menschliche Eigenheiten!**
Laut Underhill sind andere Menschen das, worauf Kunden am meisten achten. Aus diesem Grund sind die effektivsten Anpreisungen in Schnellimbissen die, die in Augenhöhe über der Kasse angebracht sind. Wenn ein Kunde den Kassierer anschaut, sieht er notgedrungen ein Schild. Daher ist die raffinierte Plazierung der Beschilderung ein todsicherer Weg, die Verkaufsziffern hoch zu treiben.

Trick 5: **Misch die Ware auf!**
Ist Ihnen jemals aufgefallen, wie viele verschiedene Suppenarten in der Suppensektion des Supermarkts angeboten werden? Es müssen hundert verschiedene sein. Bei derart vielen Sorten sollte man annehmen, dass die Anbieter sie in alphabetischer Reihenfolge sortieren könnten, damit wir die,

die wir wollen, leichter finden können. Aber die Händler mixen sie vorsätzlich. Warum? Damit Käufer das ganze Regal absuchen müssen, um die Suppe zu finden, die sie wollen. Währenddessen fallen ihnen eine Vielzahl Suppenspezialitäten auf, von deren Existenz sie gar nichts ahnten. So gelangt ein Dose Nacho-mit-Käse-Suppe in Ihren Einkaufswagen - zusammen mit der Hühnersuppe, die Sie eigentlich wollten.

Trick 6: **Bring die Kasse zum Schweigen!**
Sind Sie alt genug, sich erinnern zu können, wie die Registrierkasse Ihre Einkaufssumme mit einem lauten "Cha-a-Ching!" ankündigte? Heutzutage gibt es solchen Lärm am Checkout nicht mehr, weil die alten lauten Registrierkassen durch fast lautlose Modelle ersetzt wurden, die schnurren, statt klingeln. Schnurrende Kassen und Kauf-jetzt-Zahl-später-Kreditkarten dämpfen den negativen Eindruck des Geldausgebens, was höhere Pro-Kopf-Volumina für die Läden (und höhere Kreditkartenschulden für die Kunden) bedeutet.

Trick 7: **Kommuniziere mit Schildern!**
Underhill rät seiner Klientel, den verfügbaren Raum nicht mehr als Ladengeschäft anzusehen, sondern als eine Art dreidimensionale Fernsehreklame. Im Endeffekt wird der Laden damit zu einem begehbaren Container für die Worte, Gedanken, Bot-

schaften und Ideen, die der Händler dem Kunden vermitteln will. Geschickt plazierte Schilder und werbekräftige Slogans können den Profit eines Ladens drastisch steigern. "Wenn alles innerhalb des Ladens richtig ineinander greift," spricht Underhill, "dann nehmen die Plakate die Aufmerksamkeit der Kunden gefangen und bringen sie dazu, näher hinzusehen, auszuwählen und mehr zu kaufen. Und wie ein TV-Werbespot Skript und Regie braucht, so ist das A und O des Beschilderns, herauszufinden, welche Aussagen man wann und wo machen muss."

Trick 8: Lass sie laufen, aber nie warten!

Kunden, die in einer bestimmten Sache unterwegs sind, nehmen sich erst dann Zeit zum Einkaufen, wenn sie ihre Sache erledigt haben. Daher installieren "Drugstores" wie Walgreens die Apotheke am hinteren Ende des Ladens. Käufer, die ein verschriebenes Medikament holen wollen, marschieren stets schnurstracks zum hinteren Ende und ignorieren dabei alle Schilder und Auslagen, bis sie ihre Aufgabe erledigt haben. Es ist sinnlos, ihnen vorher irgendetwas verkaufen zu wollen. Wenn Kunden aber ihre Verschreibung bekommen haben, müssen sie wieder ganz bis zum Eingang des Ladens zurückwandern. Raffinierte Händler plazieren Schilder und auslagen mit dem Gesicht zur Rückwand des Ladens, damit die Leute auf dem Rückweg von der Apotheke zu Spontankäufen verführt werden.

Trick 9: Gib's "umsonst", und sie stehen Schlange!
Hüten Sie sich vor den freundlichen Leuten im Supermarkt, die Ihnen "umsonst" Proben anbieten. Studien haben gezeigt, dass 90 % aller Kunden, die ein bestimmtes Produkt probiert hatten, es auch kauften. Wie kommt es zu so einer astronomisch hohen Abschlussquote? "Oh, das ist aber lecker", führt oft zu einem impulsiven Kauf. Schuldgefühl spielt dabei eine Rolle, denn die Kunden fühlen sich dazu verpflichtet, etwas von dem zu kaufen, von dem sie bereits "umsonst" probiert hatten. Die Läden scheren sich nicht darum, wie das mit den Proben funktioniert. Sie wollen lediglich ihre Umsätze steigern. Wir alle wissen, dass es nichts umsonst gibt. Nächstes Mal, wenn man Sie bittet, eine Probe zu kosten, bedenken Sie, dass es auch eine Probe nicht umsonst gibt.

Trick 10: Geh sie jung an!
Früh krümmt sich, was ein Häkchen werden will. Mit uns Konsumenten verhält es sich ähnlich: So wie man uns biegt, so kaufen wir. Läden sind wie die Tabakindustrie - sie wollen, dass Sie jung anfangen und sich ein Leben lang an sie binden. Darum ist auch das Design so vieler Geschäfte, vor allem von Supermärkten, auf Kinder ausgerichtet. Wo gibt es die supersüßen Frühstücksflocken? 1,20 m über Grund, genau in Kinderaugenhöhe! Das gleiche gilt für Süßigkeiten und Snacks. Der Supermarkt in meiner Nähe hat bei der Tiefkühl-

kost eine scharfe Kurve angelegt, und zwar dergestalt, dass mich Eiskrem aus riesigen durchsichtigen Kühlcontainern von beiden Seiten des Ganges anlacht, wenn ich um die Ecke biege. Bereits drei Gänge entfernt kann man die Kinder ihre Eltern um "Double Fudge Chunky Monkey" anbetteln hören. Habe ich schon erwähnt, dass die Backabteilung den Kindern Cookies umsonst gibt? Wie nett die doch sind...

Diese sind nur zehn der hunderte von "Tricks", die der Handel anwendet, um Käufer dazu zu bringen, freigiebig und oft Geld auszugeben. Und auf eines können Sie sich verlassen: Wenn die Konkurrenz wächst, dann werden die Läden noch viel besser darin werden, unsere Gefühle zu manipulieren, um ihren Profit zu erhöhen.

Den Konsumentenzyklus durchbrechen

Ich weiß nicht, wie es Ihnen ging, aber als ich das erste Mal von einigen Tricks erfuhr, die der Handel anwendet, um uns dazu zu bringen, mehr auszugeben, als wir eingentlich wollen, fühlte ich mich so ziemlich wie ein Pavlovscher Hund. Pavlov ließ die Glocke klingen, stellte den Futternapf auf und konditionierte den Hund zu sabbern. In gleicher Weise arrangiert ein Laden seine Auslagen, teilt Pröbchen aus und konditioniert uns zum Kauf.

Läden haben uns konditioniert, unser Vermögen aufzubrauchen. Je mehr wir verbrauchen, desto mehr Vermögen schaffen sie für sich. Es ist ein endloser Zyklus. Der einzige Weg, aus diesem Zyklus auszubrechen, ist, unsere Kaufgewohnheiten zu ändern. Statt zuzulassen, dass Läden uns auf Konsum konditionieren, sollten wir uns lieber selbst auf Pro-Sum konditionieren. Das wäre doch ein Konzept!

Was wäre, wenn wir unseren monatlichen Bedarf nicht im örtlichen Laden -"DerenMarkt"- sondern in unserem eigenem Geschäft -"MeinMarkt"- kaufen würden"

Was wäre, wenn wir uns selbst umkonditionierten, um Vermögensproduzenten zu werden, die wie Der (Laden) denken, statt Vermögensverbraucher zu bleiben, die wie Konsumenten denken?

Was wäre, wenn wir unsere Spontankäufe reduzierten, indem wir bequem von daheim aus kauften, statt zum nächsten Einkaufszentrum zu kutschieren, um uns dort widerstandslos manipulieren zu lassen, in Ausgaben, die wir weder brauchen noch wollen?

Was wäre, wenn wir diesen Geldabfluss-Verbraucher-Zyklus durchbrechen und ihn durch einen Geldzufluss-Pro-Sumenten-Zyklus ersetzten?

Was wäre, wenn wir wie Der (Laden) denken und handeln und andere lehren würden, das gleiche zu tun?

Wenn wir all das täten und genug andere dazu brächten, das gleiche zu tun, würden wir eine Pro-Sumenten-Revolution auslösen, die die Art und Weise der Menschheit zu leben, zu arbeiten und Vermögen zu bilden, von Grund auf ändern würde, nicht wahr?

Und wenn wir all das täten, würde der Laden uns mehr als ein Freund sein. Er wäre Teil der Familie, denn er würde uns gehören! Und Eigentum, mein Freund, das ist es, worum es beim Pro-Sum geht!

...6...

Der Weg in den Schuldturm ist mit Rabatten gepflastert

Ich hätte alles Geld, das ich je bräuchte, wenn ich heute um vier Uhr stürbe.
Henny Youngman, Spaßmacher

"Lassie, komm heim!"

Während der 50er und 60er Jahre schalteten Millionen Nordamerikaner Sonntag abends auf diese CBS-Sendung und verfolgten im Fernsehen, wie Lassies Herrchen "Timmy", dargestellt vom reizenden kleinen Jon Provost, jede Folge der klassischen TV-Serie mit dem Ruf *"Lassie, komm heim!"* eröffnete.

Lassie war eine der am längsten laufenden Serien der Fernsehgeschichte. Sie machte Provost zum Millionär, noch bevor er Teenager war.

Nun sollte man meinen, dass dieser Start Provost finanziell den Weg für ein ganzes Leben geebnet haben sollte. Doch 40 Jahre später erzählt ein zwar ärmerer, aber weiserer Provost die altbekannte Geschichte von jemandem mit mehr Geld als Verstand.

"Ich habe mein Geld mehr oder weniger verfeiert," gibt Provost ohne Umschweife zu.

Provost erzählt, wie als Teenager seine Geldverschwendung damit begann, daß er 6000 $ für einen Sportwagen hinlegte. Binnen eines Jahrzehnts schaffte er es, mehrere Millionen zu verbrauchen. Heute berichten Provost und zwei andere frühere Kinderstars -Brandon Cruz aus der Serie *The Courtship of Eddies' Father* und Paul Petersen, der den Jeff in der *Donna Reed Show* spielte- in allen nur möglichen Talkshows davon, wie schlechte Einkaufsgewohnheiten sie dazu brachten, ihre Hollywood-Millionen zu verplempern.

Ich bin sicher, dass sie viel von ihrem Zeugs mit Rabatt kauften. Als ihre Konten schrumpften, "sparten" sie wahrscheinlich ein Menge, indem sie ihr "Spielzeug" billiger erwarben. Doch egal, wie hoch die Nachlässe sind: Wenn man überkonsumiert, übertrifft das, was "rausgeht", früher oder später das, was "reinkommt".

Wie man im Lotto gewinnt - und verliert

"Wenn ich im Lotto sechs Richtige habe, dann..."

Wir alle haben dieses Statement schon tausendmal gehört. Wie viele andere, pflegte auch Paul Scott Cooney über den Lottogewinn Witze zu reißen. Eines Tages passierte es dann. Seine 1:1 Million Chance traf ein! Mit 26 Lenzen gewann Cooney über 20 Millionen Dollar in der Klassenlotterie von Florida. Er war ein gemachter Mann. Zumindest dachte er das.

Zehn Jahre danach erschien Cooney vorm Konkursrichter, um über einen Tilgungsplan für seine fünf Millionen Dollar Schulden zu verhandeln. Was war mit den ganzen Millionen passiert, die er einst gewonnen hatte? Er hatte sie verschwenderisch verprasst und die zahllosen Belastungen durch Autos, Motorräder und teure Geschenke an Freunde und Verwandte jeglichen Investitionen vorgezogen.

Ich könnte wetten, dass Cooney im Laufe seiner zehnjährigen Kauforgie eine Menge Nachlässe ergatterte. Wenn jemand Möbel lastwagenweise und Motorräder im Dreierpack kauft, sollte man schon meinen, dass so jemand einen schönen Rabatt bekommt.

Aber Nachlässe hin oder her, *Konsum reduziert Werte.* Der Saldo Ihres Bankauszuges mag zwar langsamer kleiner werden, wenn Sie mit Rabatt kaufen - *aber verringern tut er sich trotzdem.* Ganz gleich, ob millionenschwerer Kinderstar...oder glücklicher Lottogewinner...oder Witwe auf Rente: *Konsum minimiert Werte.* So einfach ist das. Leute reden sich ein, sie "sparten" Geld, wenn sie mit Rabatt einkauften. Alles, was sie aber in Wahrheit sparen, ist ein bisschen Zeit, bevor die Kuh trocken gemolken ist.

Überkonsum ist die Regel, nicht die Ausnahme

Man sollte annehmen, dass ehemalige Kinderstars und Lottogewinner die Ausnahme, nicht die Regel sind. Genau das Gegenteil ist der Fall. IN DER REGEL, KANN MAN SAGEN, KONSUMIEREN SICH DIE NORDAMERIKANER SELBST INS ARMENHAUS! Schauen wir uns ein paar wirklich ernüchternde Fakten an:

✉ *Mehr als 1,2 Millionen Menschen haben 1998 in den USA Bankrott erklärt* - die Zahl steigt trotz des anhaltenden Wirtschaftsbooms von Jahr zu Jahr.

✉ *Der amerikanische Durschnittshaushalt hat rund 7000 $ Kreditkartenschulden (zu Zinssätzen zwischen 12 und 22 %), und die Kreditkartenverschuldung insgesamt hat sich von 1990 bis 2000 mehr als verdoppelt.*

✉ *Amerikaner arbeiten von allen Industrienationen die meisten Stunden.* 1997 arbeiteten Amerikaner ACHT STUNDEN MEHR PRO WOCHE als im Jahr 1980.

✉ Laut Umfrage von USA Today, sagten *54 % der befragten Amerikaner, sie würden in weniger als drei Monaten mit ihren Zahlungen in Rückstand geraten, wenn sie heute ihren Job verlören.*

✉ Die Verschuldung der privaten Haushalte steht auf einem Rekordhoch von 6,3 Billionen Dollar - *ein Anstieg von fast 50 % über die vergangenen fünf Jahre.*

✉ Falls ihre Sozialhilfe von heute auf morgen gestrichen würde, *wäre die Hälfte unserer älteren Mitbürger von morgen an dazu verdammt, in Armut zu leben.*

Diese Fakten deuten darauf hin, dass die Menschen heute mehr arbeiten, sich aber trotzdem immer mehr verschulden. Wie der Autoaufkleber, den ich bisweilen sehe: *"Je mehr ich arbeite, desto mehr falle ich zurück."*

Die Antwort: Um sein Vermögen zu mehren, muss man sein Geld raffinierter ausgeben, nicht aber härter arbeiten! Wenn mehr Menschen verstünden, wie man mehr Vermögen schafft, weil man raffinierter kauft, statt ihr Vermögen durch Billigkäufe zu schmälern, könnten auch mehr eine echte finanzielle Sicherheit für sich und ihre Familien aufbauen.

Zur Umkehr ist es nie zu spät

Ich denke, die meisten konsumieren sich ins Armenhaus, weil sie keine alternative Form des Konsums kennen. Ihnen wurde beigebracht, dass man Geld "spart", wenn man Ware mit viel Nachlass kauft. Ich bin der festen Überzeugung, dass wir weniger Konkurse und mehr Gutverdienende hätten, wenn mehr Menschen von der Kraft des Pro-Sumierens wüßten.

Der Weg zum Schuldturm mag mit Rabatten gepflastert sein, doch muss keiner auf diesem Weg bleiben. Man hat die Wahl, zu wenden und in die Gegenrichtung zu fahren, in Richtung finanzieller Freiheit. Die Wahl, Konsument zu bleiben, oder die Richtung zu ändern und Pro-Sument zu werden, liegt einzig und allein bei Ihnen.

Wählen Sie weise. Sie werden es nicht bereuen.

... 7 ...

Was wollen Sie wirklich? - Mehr Rabatt?...oder mehr Zeit?

*Wir alle wissen, daß in unserem beruflichen
wie privaten Leben Zeit das einzige ist,
das noch von Wert ist.*
Scott Reamer,
Analytiker von Technologiewerten

Es gibt einen alten Witz, der als Parabel für moderne Zeiten taugen mag:

Ein Mann namens Chuck liebte Angeln über alles. Jeden Winter pflegte er in tiefe Depression zu verfallen, weil alle Seen mehrere Monate hintereinander zugefroren waren.

Dann erzählte ihm ein Freund vom Eisfischen.

"Was für eine tolle Idee!", rief Chuck. "Ich ziehe gleich morgen früh los."

Frühmorgens und gut gelaunt schleppte Chuck seine Ausrüstung zu einer schönen glatten Stelle auf dem Eis.

Mit der Axt hackte er ein Loch ins Eis, setzte einen Köder auf und ließ die Schnur ins Wasser sinken. Dann wartete er geduldig.

Chuck fischte zwei Stunden, ohne dass etwas anbiss. Plötzlich durchbrach von oben eine tiefe Stimme die Stille.

"Hier gibt es keine Fische!"

Unbeirrt angelte Chuck weiter. Etwa eine Stunde später hörte er die donnernde Stimme wieder.

"Hier gibt es keine Fische!"

Chuck hatte seit Monaten nicht mehr geangelt, und daher war er nicht so leicht zu entmutigen. Er starrte weiter auf seine Angelschnur und wartete geduldig darauf, dass ein Fisch anbeißen würde. So verging noch eine Stunde.

"HIER GIBT ES KEINE FISCHE!"

Chuck konnte die Donnerstimme nicht länger ignorieren. Er legte die Hände über dem Kopf und fragte kleinlaut, "Sind Sie Gott?"

"NEIN! ICH BIN DER MANAGER DIESES EISLAUFPLATZES!"

Am falschen Ort hinter dem Glück her

Mir scheint, die Geschichte vom Eisangler Chuck ist ein passendes Gleichnis für so viele Leute von heute, nur, dass sie, statt nach Fischen zu angeln, hinter Glück und Zufriedenheit her sind. Aber es geht ihnen wie dem Angler im Eislaufrund - sie sind ihrer Mission leidenschaftlich verfallen, aber sie angeln am falschen Platz! Lassen Sie mich Ihnen das erklären.

Wir leben in einer Konsumgesellschaft, in der die meisten Menschen versuchen, durch immer mehr und immer günstigere Kaufakte glücklich zu werden. Die schlichte Wahrheit aber ist, dass man Glück nicht "fangen" kann, wenn man in Fabrikläden "angelt" oder Ausverkäufen hinterher "jagt". Leute, die versuchen, sich Glück mit der Suche nach Rabatten zu kaufen, können genauso gut im Eisstadion eisangeln gehen.

Wenn mehr Leute innehielten und sich fragten *"Was will ich WIRKLICH? - Noch mehr Rabatt?...Oder mehr Zeit?"*, könnten die erstaunt feststellen, dass die Zeit damit zu verbringen, mehr Dinge noch billiger zu kaufen, *nicht* das ist, was sie vom Leben wirklich wollen.

Sehen Sie, Leute, die Nachlässen hinterher jagen, *investieren ihre Zeit in den Versuch, Geld zu sparen.* Das ist ein großer Fehler, weil die Zeit unser kostbarstes Gut ist! Glückliche und zufriedene Menschen sind sich des Wertes der Zeit bewusst. Deshalb geben sie keine Zeit her, um Geld zu sparen - *sie geben Geld aus, um Zeit zu sparen!*

Zeit -nicht Rabatt- ist das, was wir wirklich wollen

Um sicher zu sein, dass Sie den Unterschied zwischen dem Wert der Zeit und dem Wert des Geldes wirklich verstehen, möchte ich, dass Sie sich selbst in folgende Situation versetzen:

Stellen Sie sich vor, Sie stünden in der Blüte ihres Lebens. Sie sind glücklich verheiratet, haben zwei fantastische Kinder, viele gute Freunde und zwei gesunde, respektable Eltern. Sie sind absolut top.

Dann erhalten Sie eine fürchterliche Mitteilung - Sie sind

im Begriff, an einer unheilbaren Krankheit zu sterben. Ihnen bleibt nur eine Woche.

Das ist die schlechte Nachricht.

Die gute Nachricht ist: Sie sind der reichste Mensch der Welt, 100 Milliarden Dollar wert! Was ihr Leben einzig und allein retten kann, ist die Zaubermedizin eines verrückten Wissenschaftlers. Die Medizin würde Sie sofort gesund machen, und Sie hätten noch zehn Jahre weiter zu leben, wenn nicht mehr.

Nun zur 100-Milliarden-Dollar-Frage.

Der verrückte Wissenschaftler verkauft Ihnen das Wundermittel nur unter einer Bedingung: *Dass Sie ihm Ihre gesamten Besitztümer überschreiben!* Er bekommt Ihre Villa...Ihre Yachten...Ihre Unternehmen...Ihre Aktien...und Ihre Konten. Er bekommt alles außer Ihrem Leben, außer Ihrer Familie und außer Ihren Talenten und Fähigkeiten, die Ihnen zu ihren 100 Milliarden Dollar verholfen hatten.

Der verrückte Wissenschaftler gibt Ihnen nur eine Minute Zeit, sich zu entscheiden - für Ihr Geld oder für mehr Zeit auf dieser Welt. Er hält einen knallharten Vertrag in Händen, der ihm all Ihren weltlichen Besitz überträgt. Die Zeit läuft - ticktack...ticktack. Wenn Sie unterschreiben, bleiben Ihnen einzig und allein Ihr Talent, Ihr Wissen, Ihre Familie und mindestens zehn weitere Jahre bei bester Gesundheit.

Würden Sie den Vertrag unterschreiben, der diesem Wissenschaftler all ihr Hab und Gut im Tausch für mehr Zeit auf Erden transferiert? Ticktack...Ticktack...noch fünf Sekunden... noch vier...noch drei... zwei...eins... *Was wollen Sie WIRKLICH? Mehr Geld? Oder mehr Zeit?*

Ich weiß nicht, wie es Ihnen geht, aber ich würde diesen Vertrag in Sekundenschnelle unterschreiben! Wenn Sie den Wert von Geld mit dem Wert von Zeit vergleichen, dann ist das nicht mal ein echter Vergleich. Zeit ist bei weitem wertvoller als Geld. Kein Vergleich! Wir können jederzeit mehr Geld verdienen. Aber nie wird es uns gelingen, mehr Zeit zu schaffen. In diesem Leben wurden jedem von uns 1.440 Minuten pro Tag gegeben, nicht mehr und nicht weniger. Ob wir die Zeit verschwenden oder wertschätzen, bleibt uns überlassen.

Was kaufen die Reichen?
Billigkeit? ... Oder Bequemlichkeit?

Reiche haben von jeher verstanden, dass Zeit bei weitem wertvoller ist als Geld. Sie nehmen sich den Spruch "Zeit ist Geld" zu Herzen, und sie geben eher das Geld aus, um Zeit zu sparen, statt umgekehrt.

Wenn Michael Jordan auf Einkaufstour geht, um seine neue Villa einzurichten, worum, glauben Sie, kümmern er und seine Frau sich mehr - Geld zu sparen, indem sie auf dem Trödelmarkt oder beim örtlichen Möbeldiscounter kaufen? ... Oder Zeit zu sparen, indem sie einen Einrichter mit dem Kauf der Ausstattung beauftragen? Anders ausgedrückt: Glauben Sie, dass die Michael Jordans dieser Welt wegen Preisnachlässen kaufen? ... oder nach Bequemlichkeit?

Nun möchte ich Ihnen nicht den Eindruck vermitteln, Zillionär sein zu müssen, um Geld fürs Zeitsparen ausgeben zu können. Nichts könnte weiter weg von der Wahrheit sein. Mittlere Einkommensbezieher haben Waschmaschinen und Trockner daheim. Warum? Das spart Zeit. Deshalb wächst der Dienstleistungsbereich unentwegt und ohne Unterlass: Immer mehr Leute geben Geld aus, um Zeit zu sparen. Statt die Hemden zu bügeln, bringen wir sie zur Reinigung. Statt jede Woche den Rasen zu mähen, beauftragen wir jemanden damit. Die Liste ließe sich endlos fortsetzen.

Doch aus irgendeinem Grunde gibt es immer Leute, die glauben, es sei clever, eine halbe Stunde zu fahren, um beim Discounter zu kaufen...dort 20 Minuten vor der Kasse anzustehen...unfreundliches Personal zu ertragen (wenn überhaupt welches zu finden ist)...und um sich dann durch den Verkehr nach Hause durchzuschlagen, nur um ein paar Piepen am Waschmehl zu "sparen".

Was ist an diesem Bild nur falsch?

Zeit kaufen

Als meine Frau Jeanne und ich heirateten, war uns sofort klar, dass Zeit wichtiger war als Geld. Daher entschieden wir uns, wann immer möglich, *lieber Geld auszugeben, um Zeit zu sparen und diese Zeit dann im Kreise unserer Familie zu genießen.* Wir haben diese Entscheidung nie auch nur für einen Moment bereut.

Ich erinnere mich, wie unser Nachbar damit angab, 2.000 $ "gespart" zu haben, weil er sein Haus eigenhändig und selbst geweißelt hatte, statt einen Maler damit zu beauftragen. Doch dafür hatte er seinen Urlaub opfern müssen! Das ist Irrsinn! Während er sein Haus strich, waren Jeanne, die Kinder und ich in Disney World und hatten eine fantastische Zeit. Ich möchte dies Erlebnis und diese Erinnerungen um nichts in der Welt missen. Mittlerweile war der Nachbar, der 2.000 $ "gespart" hatte, weil er Zeit für Geld hergab, abends zu müde, um mit seinen Söhnen Fangen zu spielen. Traurig, aber wahr.

Haben Sie das je gehört: "Auf dem Totenbett hat sich noch nie jemand gewünscht, mehr Zeit im Büro verbracht zu haben."? Nun, auf dem Totenbett hat sich noch nie jemand gewünscht, ein paar tausend Dollar "gespart" zu haben, weil er sein Haus eigenhändig weißelte...oder den Rasen selbst mähte...statt die Zeit mit seinen Kindern zu genießen, wenn sie heranwuchsen.

"Wenn Sie genug Geld haben, können Sie anderer Leute Zeit kaufen," sagt der Psychologe Robert Levine. "Sie können andere dafür bezahlen, Ihre Besorgungen zu erledigen. Ihre Zeit ist mehr wert, als deren Zeit." Jeanne und ich brauchten keinen Psychologen, um uns das beizubringen. Aber trotzdem Danke, Dr. Levine.

Wie man fünf extra Lebensjahre "spart"

Was wäre, wenn ich Ihnen zeigen könnte, wie Sie sich fünf Jahre extra voller Spaß und Freude "kaufen" können? Interessiert? Unmöglich, sagen Sie? Ganz und gar nicht - ich habe mir selbst schon mehr als zwei solcher Jahre gekauft. Lassen Sie mich das erklären.

Gehen wir davon aus, dass Sie täglich ein bis zwei Stunden dafür aufwenden, ein bisschen Geld zu sparen. Zeit, die Sie auch sinnvoller nutzen könnten, wenn Sie, sagen wir mal, nebenberuflich von daheim aus ein hoch profitables Geschäft aufbauten...oder mehr Zeit mit Ihren Kindern verbrächten... oder sich im Fitnessclub ausarbeiteten.

Auf den ersten Blick erscheinen einem ein oder zwei Stunden am Tag nicht viel. Aber ein oder zwei Stunden am Tag summieren sich auf zu zehn Stunden wöchentlich, die dann zusammen 500 Stunden jährlich ergeben! Wenn man 16 Stunden pro Tag wach ist, entsprechen 500 Stunden ca. 31 Tagen, also einem ganzen Monat extra Zeit, über die man Jahr für Jahr verfügen kann.

Wenn wir Geld ausgäben, um Zeit zu sparen, könnten wir also jedes Jahr einen Monat Zeit sparen, korrekt? Was bedeutet, dass wir alle zwölf Jahre das Äquivalent eines ganzen Lebensjahres erspart haben könnten! Wenn Sie mit 20 anfangen, Geld auszugeben, um Zeit zu sparen, und Sie werden 80 Jahre alt, dann macht das 60 Monate oder fünf Jahre Zeit aus, die Sie gespart haben könnten!

Denken Sie nur: Sie könnten Ihr Leben um fünf Jahre produktiver, qualitativ hochwertiger und fröhlicher Zeit reicher machen, nur weil Sie Geld investieren, um Zeit zu sparen, statt Zeit zu investieren, um Geld zu sparen. Was würden Sie mit dieser zusätzlichen Zeit anfangen? Würden Sie mit Freunden mehr Golf spielen? Würden Sie mehr Zeit mit Partner und Kindern verbringen? Würden Sie zu exotischen Zielen reisen? Würden Sie nebenberuflich ein Geschäft aufbauen? Oder würden Sie von jedem ein bisschen und alles zusammen tun?

Vielleicht verstehen Sie nun etwas besser, was ich meine, wenn ich sage: Es ist wichtiger, Zeit zu sparen, als hinter Schnäppchen her zu jagen!?

Was wäre, wenn...

Was wäre, wenn ich Ihnen zeigen könnte, wie Sie Ihren Kuchen zugleich bewahren und aufessen können?...Wie Sie nicht nur Geld "sparen", sondern Geld verdienen können, während Sie Zeit sparen?

Wäre das nicht ein revolutionäres Konzept, das es

wert wäre, kennengelernt zu werden?

Was wäre, wenn es die Möglichkeit gäbe, Produkte zu fairen und angemessenen Preisen zu kaufen und sie an die eigene Haustür geliefert zu bekommen, statt sich durch den Verkehr kämpfen zu müssen...an der Kasse anzustehen...oder schwere Einkaufstaschen eine halbe Meile über einen überfüllten Parkplatz zu seinem Auto zu schleppen (nur um festzustellen, dass man vergessen hat, wo das Auto steht)?

Wäre das nicht ein revolutionäres Konzept, das es wert wäre, kennengelernt zu werden?

Was wäre, wenn es möglich sein sollte, sein eigenes Geschäft von zu Hause aus aufzumachen, um zwischen ein paar hundert Dollar pro Monat nebenberuflich...oder ein paar hunderttausend Dollar pro Jahr hauptberuflich zu verdienen?

Wäre das nicht ein revolutionäres Konzept, das es wert wäre, kennengelernt zu werden?

Das Konzept ist vorhanden und macht sich gut - und wartet nur darauf, von Leuten wie Ihnen und mir genutzt zu werden. Es ist die Hochzeit von Pro-Sumenten-Power -raffinierter, nicht billiger einkaufen und andere lehren, das gleiche zu tun- mit der Power und Bequemlichkeit des Internets.

Dieses revolutionäre Konzept ist die Kombination einer 50 Jahre alten, bewährten Wirtschaftsform, Empfehlungswirtschaft genannt, mit der Geschwindigkeit und Effizienz des E-Kommerz. Es ist ein Konzept, das mein guter Freund Burk Hedges als "E-mpfehlungswirtschaft" bezeichnet, und es ist dabei, die Art und Weise zu ändern, nach der die Welt lebt, arbeitet und Reichtum erzeugt.

Die E-volution der Empfehlungswirtschaft

Die E-mpfehlungswirtschaft ist ein Konzept, das Sie vielleicht noch nicht kennen. Lassen Sie sich dadurch nicht entmutigen. Das Internet war auch ein Konzept, von dem die meisten bis Mitte der 90er Jahre nichts gehört hatten. Doch in weniger als fünf Jahren ist das Internet zur treibenden Kraft einer boomenden Weltwirtschaft geworden, und es schafft mehr Reichtum, als jede andere Branche in der Weltgeschichte zuvor.

Wenn Sie die Effizienz, Geschwindigkeit und Reichweite des E-Kommerz mit der Pro-Sumenten-Power paaren, kreieren Sie ein revolutionäres Geschäftsmodell, das im kommenden Jahrzehnt Milliarden Dollar für Millionen Menschen rund um den Globus erwirtschaften wird.

Lassen Sie uns nun kennenlernen, wie dies revolutionäre Konzept namens E-mpfehlungswirtschaft es Ihnen ermöglichen kann, "den E-Kommerz in einen Mein-Kommerz zu verwandeln" und das zu bekommen, *was Sie vom Leben* WIRKLICH *wollen.*

Und was wollen Sie WIRKLICH *vom Leben?*

Mehr Zeit natürlich.

Und mehr Geld, um diese Zeit genießen zu können!

Denken Sie nur - mehr Zeit und mehr Geld. Das wäre nicht nur *ein* Traum, der wahr wird...sondern es wäre *Ihr* Traum, der wahr wird!

Teil IV

MEIN-MARKT.COM: DIE KONVERGENZ VON PRO-SUM UND E-KOMMERZ

In der freien Wirtschaft gibt es die altbewährte Gepflogenheit, Kunden und Händlern Provisionen zu zahlen, wenn sie zusätzlichen Umsatz ins Haus bringen.

Da immer mehr Firmen E-Kommerz-Sites eröffnen, sind sie auch immer mehr auf Empfehlungen angewiesen, die ihnen bei ihrer Expansion helfen.

Die Konvergenz von Pro-Sum und E-Kommerz läßt ein dynamisches, auf Weiterempfehlung gestütztes Konzept der Vermögensbildung entstehen, das sich "E-mpfehlungswirtschaft" nennt; ein Konzept, das manche Experten als "Die Chance des Neuen Jahrtausends!" bezeichnen.

...8...

Empfehlungswirtschaft: Pro-Sumenten-Macht am Werk

*Chancen können Ihnen in den Schoß fallen -
wenn Sie Ihren Schoß dahin schaffen,
wo Chancen herabfallen.*

Anonymus

Ein Foto von Babe Ruth füllt den Bildschirm, und der Sprecher sagt:

"Babe Ruth wurde für 125.000 $ ersteigert."

Ein Foto der Wildnis Alaskas erscheint. Der Sprecher verkündet:

"Seward kaufte Alaska für 5 Cents pro Hektar."

Ein Foto des weltweit ersten Computers ist zu sehen. Der Sprecher spricht:

"Der erste Computer kostete 485.744,02 $."

Danach ist das Wort "WERT" auf dem Bildschirm zu sehen, gefolgt vom Foto eines neuen Mercedes. Der Sprecher sagt:

"Es kommt nicht nur auf das an, was Sie zahlen. Sondern auf das, was Sie dafür kriegen."

Dieser Mercedes-Werbespot sagt etwas wichtiges über den Wert einer Sache aus - dass nämlich der Preis nicht unbedingt gleich dem Wert ist. Raffinierter statt billiger zu kaufen bedeutet, dass Sie auf mehr als nur den Preis schauen. Sich zu fragen "Was bekomme ich als Gegenleistung für den Preis?", wird den wahren Wert einer Ware oder Leistung offenbaren.

Zum Beispiel gibt es viele Autos, die billiger sind, als ein Mercedes, und die den gleichen Zweck erfüllen, nämlich Sie von A nach B zu bringen. Aber Mercedesbesitzer werden Ihnen sagen, *dass Sie viel für die Zusatzausgabe erhalten,* z. B. Stil, Wiederverkaufswert, Status, Sicherheit, Zuverlässigkeit und vieles andere mehr. Das, was Mercedesbesitzer im Gegenzug bekommen, überwiegt bei weitem die Zusatzausgabe, weshalb Mercedesbesitzer ihrer Marke auch so treu sind.

Was bekommen Pro-Sumenten zurück?

Entsprechendes gilt für jeden Kauf, den wir tätigen: *"Es kommt nicht nur auf das an, was Sie zahlen. Sondern auf das, was Sie dafür kriegen."* Denken Sie mal darüber nach: Wenn Verbraucher Ware mit Rabatt kaufen, was kriegen sie dafür als Gegenleistung? *Sie erhalten eine Last, die im Zeitablauf auch noch immer mehr an Wert verliert.* Darum haben Sie

Glück, wenn Ihnen jemand 200 $ für Ihre alte Couch zahlt, die zwei Jahre zuvor 2.000 $ gekostet hatte. Sofas sind, wie auch Autos, Kleidung und fast alles, was wir kaufen, *Lasten, die an Wert verlieren,* im Gegensatz zu *Vermögensteilen, die im Wert steigen,* und solche Lasten können mehr als die Hälfte an Wert verlieren, sobald sie die Ladentür passieren.

Aber schauen Sie, was passiert, wenn wir wie Pro-Sumenten, nicht wie Konsumenten denken: Pro-Sumenten bekommen nicht nur das Produkt oder den Service, *sondern als Gegenleistung auch noch die Gelegenheit, ein eigenes Geschäft aufzubauen und Geld zu verdienen!* Pro-Sumenten mögen vordergründig vielleicht etwas mehr für eine Ware oder eine Leistung zahlen, was sie aber im Gegenzug erhalten *-die Gelegenheit-* übertrifft bei weitem die Zusatzausgabe, denn Pro-Sumenten haben die Möglichkeit, Hunderte...Tausende... ja sogar Millionen Dollar zu verdienen, wenn sie raffinierter einkaufen und andere lehren, es ihnen gleich zu tun.

Mehrwert durch Empfehlungen

Wer kennt nicht den Ausdruck "Eine Hand wäscht die andere"? Mit anderen Worten: Du hilfst mir beim Bau meines Hauses, und ich helfe dir bei deinem Hausbau. Du hilfst mir, mehr Geld zu verdienen, und ich helfe dir beim Geldverdienen. Lateinisch heißt dies *quid pro quo,* was soviel bedeutet wie: Dies für Das.

Nun, das ist das Konzept für den Pro-Sum - Sie helfen Ihrer Partnerfirma zu wachsen, indem Sie anderen deren Güter und Dienstleistungen empfehlen, und die Firma revanchiert sich bei Ihnen durch höhere Nachlässe...oder durch Zahlung einer Vermittlungsprovision...oder durch beides. Sie erhalten nicht nur die Ware, sondern dazu die Möglichkeit, ein eigenes Geschäft zu führen und Vermögen aufzubauen. Es ist eine Win/Win-Situation.

Provisionen gibt es für Empfehlungen in der einen oder anderen Form seit den ersten Anfängen des Handels. Vermittlungsprovisionen sind ein mächtiges und bewährtes Mittel, ein Geschäft auf- und auszubauen. Ein Beispiel: Ein Freund von mir ist Inhaber einer Immobilienfirma, die private Wohnanlagen vertreibt. Sein Büro verkauft monatlich an die hundert Eigenheime, was bedeutet, dass sich jeder der hundert neuen Immobilienbesitzer nach einer Kreditanstalt zur Finanzierung umsehen wird...einen Notar für den Vollzug der Transaktion sucht...und eine Versicherung für neue Policen braucht.

Gehen wir einmal davon aus, Sie besäßen eine Versicherungsagentur. Würde es sich da nicht bezahlt machen, meinem Freund aus der Immobilienbranche eine Provision für jeden Abschluss zu zahlen, der auf eine seiner Empfehlungen zurückging? Natürlich würde es das. Es machte auch Sinn für meinen Immobilienfreund. Er tat sich mit dem besten Makler weit und breit zusammen und handelte einen Vertrag aus. Im Gegenzug für alle empfohlenen Versicherungen erhielt mein Freund 50 $ pro Abschluss, was sich zu über 50.000 $ Vermittlungsprovision im Jahr summiert. Das Schöne an diesem Abkommen ist, dass jeder davon profitiert. Der Immobilienmensch ist glücklich, weil er nur durch mündliche Empfehlungen Geld verdient. Der Versicherungsmakler ist glücklich, weil er auf diese Art und Weise monatlich an die hundert neue Kunden gewinnt, ohne eine Anzeige schalten zu müssen. Und die Kunden sind glücklich, weil sie zu einem vernünftigen Preis sehr guten Service bekommen. Das ist die Macht von Empfehlungen - Mehrwert für jeden, der involviert ist.

Ein Crashkurs in Empfehlungswirtschaft

Ende der 40er Jahre merkte ein kleiner Vitaminhersteller, dass sein Neugeschäft fast ausschließlich auf Empfehlungen beruhte - zufriedene Kunden empfahlen die Vitamine ihren Freunden und Verwandten, die wiederum die Vitamine ihren Freunden und Verwandten empfahlen und so weiter und so fort.

Die Inhaber trafen eine kühne Entscheidung, die den Grundstein für das legte, was sich zu einer 100-Milliarden-$-Branche mausern sollte - sie verwarfen das konventionelle Marketingkonzept der Firma und ersetzten es durch Empfehlungswirtschaft, ein radikal neues Marketingkonzept, das einzig und allein auf Empfehlungen und Entlohnungen dafür basierte. Je mehr Neugeschäft ein Kunde brachte, desto mehr Geld konnte er oder sie verdienen. Es brauchte nicht lang, bis Pro-Sumenten-Power in Gang kam. Kunden begriffen schnell, wie weise es war, raffinierter, nicht billiger einzukaufen und andere das gleiche zu lehren.

Mit wachsender Kundenbasis wuchsen auch die Verkaufsziffern und ebenso das Provisionsvolumen. Ein paar Kunden/Partner mit Geschäftssinn waren imstande, mit ihren Empfehlungen genug Einkommen zu erzielen, um ihre herkömmlichen Jobs kündigen und ihren Lebensunterhalt ganz als hauptberufliche Pro-Sumenten verdienen zu können.

Empfehlungswirtschaft war da und nicht mehr aufzuhalten!

In den folgenden fünf Jahrzehnten explodierte diese Art Empfehlungswirtschaft förmlich. Heute sind es tatsächlich Millionen Menschen, die sich weltweit mit Firmen der Empfehlungswirtschaft verbündet haben. Dadurch, dass sie raffinierter, nicht billiger einkaufen und andere lehren, das gleiche zu tun, verdienen Empfehlungspartner irgendwo zwischen ein paar hundert...oder ein paar hunderttausend Dollar monatlich - und mehr!

Exponentielles Wachstum: 1 + 1 ≘ 4

Das Prinzip, das die Empfehlungswirtschaft so explosiv macht, ist ein dynamisches Konzept namens "exponentielles Wachstum". Und es macht die Empfehlungswirtschaft für den Durchschnittsbürger zur größten Gelegenheit der Welt, sich ein überdurchschnittliches Einkommen aufzubauen.

Eine einfache Lektion in Mathematik kann die Macht exponentiellen Wachstums zeigen. Wir wissen aus Grundschulzeiten, wie einfach die Addition funktioniert: 1 + 1 = 2. Einfache Addition ist ein Beispiel für *lineares Wachstum,* d. h. das Wachstum verläuft in gerader Linie.

Exponentielles Wachstum jedoch folgt Vielfachen von Zwei. Während lineares Wachsstum durch die Formel (1 + 1 = 2) ausgedrückt werden kann, gilt (1 + 1 ≘ 2^2) oder (1 + 1 ≘ 4) für exponentielles Wachstum. Offensichtlich ist exponentielles Wachstum -auch als "Verdoppelungskonzept" bekannt- bei weitem dynamischer als lineares Wachstum. Während lineares Wachstum gleichmäßig und stetig ist, ist exponentielles Wachstum drastisch und dramatisch. Und im Zeitablauf kann exponentielles Wachstum ganz gewaltige Zahlen und ebenso gewaltige Gewinne erzeugen.

Wie Empfehlungswirtschaft exponentiell wächst

So funktioniert das exponentielle Konzept von (1 + 1 ≘ 4) in der Empfehlungswirtschaft: Nehmen wir an, ein Freund bittet sie, ein Vitaminprodukt zu probieren, das durch Empfehlungswirtschaft vertrieben wird. Sie sind von dieser Nahrungsergänzung begeistert - Sie spüren mehr Energie, und Sie verlieren ein paar Kilo, ohne sich wirklich anzustrengen. Sie sind der lebender Beweis, dass das Produkt funktioniert, und Sie haben ein gutes Gefühl dabei, wenn Sie anderen die Produktlinie der Firma empfehlen.

Nehmen wir weiter an, dass Sie binnen einer Woche nach dem Ausprobieren einem Freund von diesem Sortiment, dieser Gelegenheit, ein paar Dollar nebenher zu verdienen, erzählen; und er schließt sich Ihrem neuen empfehlungsgestützten Geschäft an.

In der zweiten Woche verdoppeln Sie und Ihr neuer Geschäftspartner Ihre Anstrengungen - d. h. Sie empfehlen Produkt und Geschäftsmöglichkeit einem weiteren Freund, und der erste, den Sie für Ihr Geschäft neu gewonnen hatten, tut das gleiche.

Ende der zweiten Woche hätten Sie und Ihr Partner jeweils einen Freund in Ihr neues Geschäft gesponsort. In diesem Fall hätten Sie insgesamt vier Mitglieder in Ihrem empfehlungsgestützten Geschäft - Sie...Ihre beiden Freunde...und der neue Partner Ihres ersten Freundes.

Sehen Sie nun, warum ich $(1 + 1 \stackrel{\circ}{=} 4)$ sage?

Wenn Sie und Ihre Empfehlungen weiterhin Ihre Anstrengungen Woche für Woche duplizieren, würde sich die Größe Ihrer empfehlungsgestützten Organisation weiterhin verdoppeln, und das Monat für Monat, bis Ihr Netzwerk Tausende umfassen würde! Dabei war alles, was Sie getan hatten, einmal die Woche einem Neuen die Produkte zu empfehlen und dann allen, die in Ihr Geschäft kamen, beizubringen, das gleiche zu tun.

Nun kommen wir zum wirklich aufregendsten Aspekt der Empfehlungswirtschaft. Da Sie der waren, der seinen ersten Freund auf die Produkte der Firma aufmerksam gemacht hatte, bietet Ihnen die Firma nicht nur einen Nachlass auf Ihren Eigenverbrauch an, sondern Sie erhalten darüber hinaus Vermittlungsgebühren oder Provisionen auf die Produkte, die Ihr Freund kauft...und die, die dessen Freund kauft...und die, die dessen Freundes Freunde kaufen...und so weiter und so fort.

Wenn in ein, zwei Jahren Ihre empfehlungsgestützte Organisation auf 100...oder sogar 1.000 und mehr Mitglieder anwächst, erhalten Sie Provision auf alles, was Ihre Gruppe in dem betreffenden Monat kauft. Angesichts der Tatsache, dass Empfehlungsnetzwerke nicht selten in die Tausende gehen - oder *sogar Hunderttausende von Empfehlungspartnern umfassen, die Monat für Monat Produkte für Millionen von Dollar umsetzen-* nimmt es einen nicht Wunder, dass weltweit Tausende damit finanzielle Unabhängigkeit erreicht haben!

Empfehlungswirtschaft und Pro-Sumenten-Mentalität

Erinnern Sie sich noch an meine Definition von Pro-Sum? - *Raffinierter, nicht billiger kaufen und andere lehren, das gleiche zu tun.* Nun, das ist zugleich eine perfekte Definition der Empfehlungswirtschaft - raffinierter, nicht billiger kaufen und andere lehren, das gleich zu tun!

Schauen Sie: Wenn Sie in Ihrem empfehlungsgestützten Geschäft pro-sumieren, sind Sie in der Lage, beim Kaufen

Vermögen bilden zu können - Sie sind in der Situation, ein eigenes Geschäft führen und Werte schaffen zu können, weil Sie Provisionsschecks einreichen, statt lediglich Schecks für Güter und Dienstleistungen auszustellen.

Bedenken Sie folgendes: Wäre es nicht nett, sich auf Einnehmen statt Ausgeben einstellen zu können, wenn man kauft? Da Sie sowieso jeden Monat Verbrauchsgüter wie Shampoo, Waschpulver und Lebensmittel kaufen müssen, macht es da nicht Sinn, sie von einer Firma zu beziehen, die Ihnen für jedes Neugeschäft, das Sie bringen, eine Vermittlungsgebühr zahlt?

Genau das passiert, wenn Sie Ihr Denken vom Konsumenten-Denken auf Pro-Sumenten-Denken in der Empfehlungswirtschaft umstellen - Sie verdienen nicht nur Geld beim Geldausgeben, sondern Sie verdienen noch mehr Geld, wenn Ihre Partner und all deren Partner Geld ausgeben.

Der Unterschied zwischen Pro-Sum, wo im eigenen empfehlungsgestützten Geschäft gekauft wird, und Konsum, wo im Laden gekauft wird, ist wie der zwischen Besitzen und Mieten...wie der zwischen Behalten und Ausgeben...wie der zwischen einem Wert und einer Last...wie der zwischen Investition und Verbrauch...und wie der Unterschied zwischen Zunahme und Abnahme Ihres Kontostandes.

Eine Chance mit Freunden teilen

Mir ist aufgefallen, dass jeder stets sehr bemüht ist, Freunde an einem Schnäppchen teilhaben zu lasssen. Wir sagen einander, wo das Benzin billig ist. Oder die Lebensmittel billig sind. Oder Autos. Oder Flugtickets. Die Aufzählung nimmt kein Ende.

Wenn Sie aber Ihren Freunden einen wirklichen Gefallen erweisen wollen, dann machen Sie sie mit dem Pro-Sum-Konzept vertraut. Wenn Sie ihnen ein Geschenk ohne Ende machen wollen, dann erklären Sie Ihren Freunden, wie *Konsum Geld VON* ihren Konten nimmt, *Pro-sum* hingegen *Geld AUF* ihre Konten bringt.

Sehen Sie es einmal so: Welche Bank würden Sie Ihren Freunden empfehlen? Die Bank mit den niedrigsten Gebühren? Oder die Bank, die Ihnen für jeden ausgestellten Scheck Geld zurückgibt und die Ihnen noch eine Provision auf jeden Scheck zahlt, den jemand, den Sie empfohlen hatten, ausstellt?

Also gut, lassen Sie mich die Frage anders stellen: Wenn einer ihrer Freunde Kunde bei der zweiten Bank wäre und Ihnen NICHT davon erzählen würde, weil er Sie damit "nicht belästigen wollte", was würden Sie dann davon halten? Wären Sie glücklich, weil Ihr Freund Sie in Ruhe gelassen hat? Oder wären Sie ihm böse, weil er Ihnen vom besten Deal am Platz nichts erzählt hat?

Entsprechendes gilt für die Chance der Empfehlungswirtschaft. Es ist, als wären Sie Kunde bei der Empfehlungskommerzbank. Sie stellen denen einen Scheck über 100 $ aus, die stellen Ihnen einen Scheck über 20 $ aus. Das gleiche passiert jedem, dem Sie diese Bank empfohlen haben, plus: Sie erhalten eine Provision auf alle Schecks, die der ausstellt, plus: Eine Vermittlungsgebühr auf die Schecks, die dessen Empfehlungsorganisation ausstellt. Wenn eine Empfehlungskommerzbank in Ihrer Stadt die Schalter öffnen würde, würden Sie nicht wollen, dass Ihre Freunde Ihnen davon erzählen? Und würden Sie nicht all Ihren Freunden und Verwandten von dieser erstaunlichen neuen Bank, die einem Schecks ausstellt, wenn man ihr Schecks ausstellt, erzählen wollen? *Natürlich würden Sie das wollen - dazu sind Freunde ja da!*

Langsamer arm oder schneller reich?

Verbraucher, passt auf! Mammutläden und Websites mögen billigst anbieten, langfristig geht es jedoch nicht darum, wie viel Sie zahlen, sondern um das, was Sie als Gegenwert erhalten. *Und was wäre besser, als eine Möglichkeit, mehr Geld zu verdienen, zurückzubekommen?*

Wir müssen uns von der Konsumentenmentalität lösen, die uns einredet, billiger sei besser. Billiger heißt nicht besser. Wenn wir billiger kaufen, werden wir nur langsamer arm. *Doch wenn wir raffinierter kaufen, versetzen wir uns -und unsere Freunde- in die Lage, schneller reich zu werden.*

Nun frage ich Sie: Was wäre Ihnen lieber: Langsamer arm zu werden? Oder schneller reich zu werden? Wohl keine allzu schwierige Frage!

Wenn Sie für Güter und Dienstleistungen zahlen und gar kein Geld im Gegenzug erhalten, fragen Sie sich: "Warum eigentlich nicht?"

Die Antwort könnte Ihrem Leben eine andere Richtung weisen.

...9...

E-mpfehlungswirtschaft:
Pro-Sumenten-Macht im Internet

*Jedermann kommt mit jedermann
schnurstracks ins Geschäft - darin besteht
für mich die Stärke des Internet.*
Michael Dell,
Gründer u. Präsident von Dell Computer

Vom Anfang an stand die Empfehlungswirtschaft neuen Technologien aufgeschlossen gegenüber.

Anders als traditionelle Firmen, die Veränderungen unter allen Umständen meiden, hat die Empfehlungswirtschaft Innovation und Veränderung immer begrüßt. Die Pioniere der Branche wussten schon immer, dass die Empfehlungswirtschaft ohne technologischen Fortschritt nie ihr Potential voll würde ausschöpfen können.

Das Auftauchen von allgemein erschwinglichen Computern z. B. machte es den Firmen der Branche erst möglich, die immer veränderlichen und ständig wachsenden Netzwerke effizient zu erfassen.

Kostensenkungen bei Ferngesprächen erlaubten es, Produkt- und Geschäftsempfehlungen kontinent- und weltweit auszudehnen.

Neue Kommunikationsmittel wie das Fax, das Mobiltelefon sowie Audio- und Videorecorder machten es auch Normalbürgern leichter und billiger, große ertragreiche empfehlungsgestützte Organisationen aufzubauen.

Immer, wenn eine neue zeitsparende Errungenschaft auf den Markt kam, wurde sie von Partnern der Empfehlungswirtschaft aufgegriffen und eingesetzt. Mit dem Wachstum neuer Technologien wuchs auch die Empfehlungswirtschaft.

Rasanter Internet-Auftritt

Plötzlich, anscheinend aus dem Nichts trat der größte technologische Durchbruch aller Zeiten auf die Bühne dieser Welt - BOOM! DAS INTERNET!

Anfangs wussten herkömmliche Firmen nicht so recht, was sie mit diesem Ding namens Internet anfangen sollten. Es war, wie soll man sagen, unkonventionell. So locker in seiner Struktur. Allseits so offen. So massiv. So unbändig.

Herkömmliche Firmen wurden von schwierigen Fragen bedrängt: Wie können wir Internets Geschwindigkeit und Reichweite bändigen? Wie kann das Internet unser Geschäft effizienter machen? Und, das vor allem, wie können wir das Internet davon abhalten, unsere etablierten Stein-und-Mörtel-Operationen "kannibalisch" aufzufressen.

Empfehlungsgestützte Firmen mit Weitblick erkannten jedoch sofort, *dass die Internet-Explosion nichts war, das man fürchten musste - sondern etwas, das man mit offenen Armen empfangen musste.* Wenn Fax und Mobilphon die Empfehlungswirtschaft schon so gewaltig wachsen lassen konnte, kaum vorstellbar, was das Internet in dieser Hinsicht bereit hielt! Das Wachstumspotential für empfehlungsgestützte Firmen im Internet war nicht nur begeisternd - es war schwindelerregend!

E-mpfehlungswirtschaft: Der nächste große E-volutionsschritt der Empfehlungswirtschaft

Burk Hedges, Branchenexperte und Autor dreier Bestseller über Empfehlungswirtschaft, erfand die Bezeichnung "E-mpfehlungswirtschaft" um die Verbindung von Empfehlungswirtschaft und E-Kommerz auf einen Nenner zu bringen, und machte nachstehende kühne Vorhersage für die Zukunft des Handels im Internet:

> *Das Internet ist momentan die große Manie - wo wir gehen und stehen, hören wir von E-Kommerz...E-Banking...E-Handel...E-dies und E-das. Doch wenn der Cyberstaub sich legt, werden die größten E-Kommerz-Gewinner die Offline-Firmen sein, die ihren Übergang ins Internet erfolgreich bewältigt haben.*
>
> *Firmen der Empfehlungswirtschaft, die mit fertigen Stein-und-Mörtel-Organisationen aufwarten können, sind in der perfekten Ausgangsposition, den Übergang zu Klick-und-*

Schick-Operationen problemlos zu bewältigen. Die Empfehlungswirtschaft konnte sich in den letzten 50 Jahren bereits eines explosionsartigen Wachstums erfreuen, doch dieses Wachstum wird, verglichen mit dem zukünftigen E-mpfehlungswirtschaftswachstum, ziemlich blass wirken.

Wenn das alles ausgestanden ist, werden niedrigpreisige E-Kommerz-Newcomer, die immer noch -wie Amazon.com- rote Zahlen schreiben, vielleicht weiterhin die Nachrichten dominieren, doch es werden die Firmen der E-mpfehlungswirtschaft und deren pro-sumierende Partner sein, die die Gewinne einstreichen.

Ich stimme Hedges' Einschätzung des Internethandels zu. In den kommenden Jahren wird es viele Ausfälle im Internet geben, wie es in einer neuen Branche immer der Fall ist. Der brilliante Investor Warren Buffet erinnert gern daran, dass es in der aufkommenden Automobilbranche Anfang des 20. Jahrhunderts allein in Amerika 3.000 verschiedene Automobilhersteller gab. Heute gibt es nur noch drei größere Autohersteller in den USA. Was ist denn mit den 2.997 Autoherstellern passiert, die es nicht geschafft hatten? Sie wurden entweder aufgekauft oder mussten dicht machen, wenn sie keinen Gewinn erzielen konnten.

Im Internet wird das gleiche passieren, nur viel schneller! Firmen werden mit Lichtgeschwindigkeit kommen und gehen. Die erfolgversprechenden werden aufgekauft werden. Die unrentablen werden ihre Pforten schließen. Kapitalismus in Reinkultur - ein paar Gewinner und viele Verlierer.

Pro-Sumenten-Vorteile

Ich habe fast 20 Jahre lang Marketing unterrichtet, und zwar auf Universitätsniveau, doch das heißt nicht, dass ich eine Kristallkugel habe, die mir sagt, welche Internetfirmen florieren und welche eingehen werden. Eines jedoch weiß ich: Internetfirmen müssen sich zwei großen Herausforderungen stellen, um zu überleben: Zum einen müssen sie etwas dafür tun, dass ihre Kunden gehalten werden und wiederkehren; und zum anderen müssen sie Gewinn machen.

Aus diesem Grund haben Firmen der E-mpfehlungswirtschaft so einen Vorteil im Internet - Ihre pro-sumierenden Geschäftspartner haben einen systemimmanenten Anreiz, der sie zur Rückkehr veranlasst. Je mehr ein Kunde/Partner kauft, desto größer der Rabatt, den er erhält. Und je mehr Umsatz er durch Empfehlungen schafft, desto mehr Provision kassiert er. Das ist der *Pro-Sumenten-Vorteil Nummer 1*.

Pro-Sumenten-Vorteil Nummer 2 ist die Markenloyalität. Viele empfehlungsgestützte Unternehmen bieten einzigartige Produkte an, die ausschließlich von deren Partnern gekauft werden können. Und Markentreue ist nicht leicht zu knacken.

Meine Eltern z. B. fahren seit 50 Jahren Buicks. Sind Buicks die billigsten Autos am Markt? Nein. Würden meine Eltern die Marke wechseln, um etwa tausend Piepen zu sparen? Auf keinen Fall! Sie sind Buickfahrer, und damit hat sich's!

Milliarden für Markenpflege

Studien haben ergeben, dass Markenartikel gekauft werden, weil man Vertrauen in das Produkt hat und weil das die Kaufentscheidungen erleichtert. Wenn meine Eltern ein neues Auto haben wollen, fahren sie gleich zu ihrem Buickhändler. Sie müssen darüber nicht lange nachdenken. Oder Zeit vergeuden, um andere Autos Probe zu fahren. Oder ermüdende Nachforschungen im Internet durchführen. Oder Preise vergleichen.

Sie werfen einfach einen Blick in den Ausstellungsraum, wählen das Modell und die Farbe aus, die ihnen am besten gefällt, setzen sich mit dem Verkaufsleiter zusammen und fahren eine Stunde später mit einem nagelneuen Buick davon. Einfacher geht es nicht. Marken zu kaufen, spart meinen Eltern Zeit, reduziert Unsicherheit und bietet ihnen Behaglichkeit und Geborgenheit in einer Welt mit zu viel Auswahl.

Deswegen haben Firmen der E-mpfehlungswirtschaft so einen Vorteil im Internet. Ihre Kunden kehren Monat für Monat zurück, weil sie ihre einzigartigen Produkte und Dienstleistungen lieben. In unserer heutigen konkurrenzintensiven, rabattorientierten Welt hat die Markentreue eine Schlüsselfunktion für alle Firmen inne, die Marktanteil und Rentabilität ausbauen wollen.

Es war Markenpflege, wenn Tiger Woods 40 Millionen $ von Nike erhielt, um das Nike-Logo auf Mütze und Hemd zu tragen, als er erstmals als Profi auftrat. War Woods das Geld wert, nur um Nikes Logo zu promoten? *Nein... Nikes Meinung nach war er mehr wert!* Drei Jahre später annullierte Nike Woods 40-Millionen-$-Vertrag und ging einen neuen über 100 Millionen $ ein!

Die E-mpfehlungswirtschaft zahlt Werbedollars als Provisionen aus

Firmen der Empfehlungswirtschaft haben die Bedeutung der Markenpflege seit langem begriffen. Statt jedoch einem superreichen Superstarathleten 100 Millionen $ für Markenwerbung zu zahlen, stellen empfehlungsgestützte Unternehmen solche Summen ihren Pro-Sum-Partnern in Form von Vermittlungsgebühren zur Verfügung. Das bedeutet, *dass nicht ein Superstar 100 Millionen $ für seine Empfehlung kassiert, sondern dass Firmen der Empfehlungswirtschaft diese 100 Millionen $ an 1.000 Normalbürger zu je 100.000 $ jährlich als Provisionen für den Ausbau ihrer empfehlungsgestützten Netzwerke ausschütten!*

Das ist die Stärke der E-mpfehlungswirtschaft: Monat für Monat können sich Tausende zufriedener Kunden, die sich die Kraft und die Bequemlichkeit des Internets zunutze machen, Millionen von Provisionsdollar teilen.

Nun frage ich Sie: Würden Sie lieber Produkte bei einem Discounter.com online kaufen, der Millionen von Dollar für schlaue Werbespots und Berühmtheiten als Werbeträger ausgibt, um mehr Kunden einzufangen? Oder würden Sie lieber von einer Firma der E-mpfehlungswirtschaft online kaufen, die für Werbung null ausgibt, dieses Geld aber an ihre Pro-Sum-Partner als Vermittlungsgebühren weiterleitet?

Pro-Sum oder Nicht-Pro-Sum? Das ist die Frage

Möchten Sie *Vermögen aufbrauchen,* indem Sie Sonderangebote bei einer fremden Plattform "DerenMarkt.com" kaufen? Oder möchten Sie *Reichtum begründen,* indem

Sie online bei Ihrer eigenen E-Kommerz-Plattform "MeinMarkt.com" kaufen?

Erinnern Sie sich an den Spruch aus der Mercedes-Werbung? *"Es kommt nicht nur auf das an, was Sie zahlen. Sondern auf das, was Sie dafür kriegen."* Wenn Sie Partner einer Klick-und-Schick-Firma der E-mpfehlungswirtschaft werden, kriegen Sie im Gegenzug die Chance auf ein eigenes E-Kommerz-Geschäft und auf Vermögensbildung via Internet, dem KingKong des Handels.

Im kommenden Jahrzehnt werden sich Tausende von Menschen Millionen von Provisionsdollar teilen, die in der E-mpfehlungswirtschaft anfallen. Fragen Sie sich: *"Wenn ich etwas im Angebot oder online mit Rabatt kaufe, was kriege ich dafür als Gegenleistung?"* Wenn Sie gerne die Chance auf ein eigenes Geschäft und Vermögensbildung zurückkriegen würden, dann könnte die E-mpfehlungswirtschaft die Erhörung Ihrer Gebete sein.

Eines ist sicher - ob Sie sich entscheiden, in dieser Branche tätig zu werden oder nicht, im kommenden Jahrzehnt wird die E-mpfehlungswirtschaft explodieren und Tausende ganz normaler Menschen werden Millionen Dollar an Provisionen verdienen, indem sie raffinierter, nicht billiger einkaufen und andere lehren, das gleiche zu tun.

Pro-Sum macht frei

Die Lösung, Menschen aus ihren Schulden und auf einen Weg zu anhaltendem Reichtum für sich und ihre Familien zu helfen, ist nicht: *Stop dem Konsum...sondern: Start dem Pro-Sum!* Das sagt der gesunde Menschenverstand.

Wann immer man mich bittet, über den Schlüssel zur

Vermögensbildung zu referieren, beginne ich gerne mit dem Witz vom brillianten jungen Ökonomen und vom weisen, aber ungebildeten Farmer:

Der Stadtrat einer kleinen Stadt im Mittleren Westen engagierte einen weltberühmten Volkswirt, um den städtischen Finanzen auf die Sprünge zu helfen. Der Ökonom dozierte geschlagene zwei Stunden, wobei er eine Menge schlauer Wörter und wolkiger Theorien verwendete. Die Städter hörten höflich zu, verstanden aber kein Wort.

Nach Abschluss der Rede stand ein alter Bauer auf, wandte sich dem Publikum zu und fasste die zweistündige Ansprache des Wirtschaftswissenschaftlers in diesem unvergesslichen Satz zusammen:

"Freunde und Nachbarn, was dieser jungen Mann uns zu erklären versucht hat, ist, dass wenn eure AUSGABEN eure EINNAHMEN übersteigen, euer LEBENSSTIL euer RUIN ist."

Der ungebildete Farmer hatte verstanden, dass reich zu werden, eher eine Sache gesunden Menschenverstandes und nicht von "Bücherweisheit" ist. Und Pro-Sum ist genau das, gesunder Menschenverstand: *Kauf raffinierter in deinem eigenen Geschäft und bring dann anderen bei, das gleiche zu tun.*

Herrschaften, fragen Sie sich: "Möchte ich mehr Einnahmen als Ausgaben haben?"

"Würde ich beim Geldausgeben gern Geld verdienen?"

"Würde ich gern ein eigenes Geschäft aufbauen und Provisionen damit verdienen, dass ich Qualitätsprodukte und -dienste empfehle, die jedermann täglich braucht?"

Das Geheimnis, wie man reich wird, ist nicht, mit dem Konsumieren aufzuhören…sondern mit dem Pro-Sum anzufangen! Millionen Durchschnittsbürger rund um die Welt prosumieren sich in der E-mpfehlungswirtschaft ihren Weg zu finanzieller Freiheit.

Daraus folgt, dass Sie sich zwei weitere Fragen stellen sollten:
"Warum nicht ich?"
"Warum nicht jetzt?"

...10...

KLICK DICH REICH:
DIE E-ZUKUNFT IST DA!

*Das Internet ist kein Zusatzgeschäft. Es ist
der Weg zu einem enormen neuen Geschäft.*
Sumner Redstone, Vorstand von Viacom

Der DotComTyp - ich nehme an, er war unvermeindlich.

Die Filme *EdTV* und *TheTruman Show* kamen zuerst, was angesichts der Tatsache, dass heutzutage die Realität die Filmwelt imitiert statt umgekehrt, nicht sonderlich erstaunt. So war es nur eine Frage der Zeit, bis ein "echter" DotComTyp ins Rampenlicht trat.

Am 1. Januar 2000 betrat DotComTyp (alias Mitch Maddox, 26jähriger EDV-Systemmanager) ein leer stehendes Haus in Dallas, nur mit einem Laptop und einer Handvoll Kreditkarten. DotComTyp ist entschlossen, ein ganzes Jahr ausschließlich online zu leben. Während dieser Zeit wird er all seine Bedürfnisse via Internet befriedigen, einschließlich aller Lebensmittel, Kleidung und Möbel.

DotComTyp kann Besucher empfangen, diese dürfen ihm jedoch keine Geschenke oder Vorräte mitbringen, und er darf sich von seinem Haus nicht weiter entfernen, als bis in seinen Hinterhof.

Seine Sponsoren erhoffen sich, damit Interesse für ihre Websites zu wecken, die DotComTyps neues Onlineleben rund um die Uhr übertragen. Dutzende Digitalkameras sind über das Mietshaus verteilt und installiert worden.

"Wir stellen uns vor, dass Onlineneulinge zuerst unsere Website besuchen, um zu erfahren, wie man den E-Kommerz für sich nutzen kann," sagte Maddox. Unter seinen ersten Onlinekäufen waren Toilettenpapier, Shampoo, Putzmittel, Lebensmittel und Pizzas vom Pizzaservice.

"Ganz bestimmt raten wir niemandem, sich aus der Welt wegzusperren," sagte Len Critcher, Präsident von DotComTyp, Inc., "aber wir werden beweisen, dass es möglich ist."

Wie stellt sich nun DotComTyp vor, genug Geld zu verdienen, um seine E-Kommerz-Rechnungen damit bezahlen zu können? Seine Sponsoren zahlen ihm 24 $ monatlich; aber die Vergütung wird sich mit jedem Monat verdoppeln, damit DotComTyp einen Anreiz hat, im Haus zu bleiben. Hört sich nicht nach viel an, oder? Aber bedenken Sie - DotComTyps 24-$-Vergütung wächst exponentiell. Gegen Ende dieses Kapitels werden wir eine kleine Rechenstunde einlegen - und Sie werden feststellen können, warum DotComTyp so cool sein kann...

Dies ist wirklich eine verkabelte Welt

Wie gesagt war es nur eine Frage der Zeit, bis das Internet einen oder eine DotComType hervorbrachte. Heutzutage tun Menschen fast alles, wenn es gilt, die Aufmerksamkeit auf sich zu lenken. Doch die Geschichte vom DotComTyp lehrt uns zwei Lektionen, die für das gerade angefangene 21. Jahrhundert wichtig sind.

Lektion Nr. 1: Das Internet-Zeitalter ist nicht mehr etwas, dass in Zukunft passieren wird. Das Internet-Zeitalter ist da. Hier und Heute. Natürlich wird es sich im kommenden Jahrzehnt drehen und wenden, biegen und wiegen und wachsen. Aber unterschätzen Sie es nicht: Das Internet ist so stark und nachhaltig, dass schon heute Millionen Menschen online leben und arbeiten könnten, ohne ihre häusliche Bequemlichkeit aufgeben zu müssen. Um Yogi Berra zu zitieren: "Die Zukunft ist näher, als sie je war." Fakt ist, die Zukunft ist da.

Lektion Nr. 2: *Jeder von uns ist mehr oder weniger ein DotComTyp.* Die Welt ist verkabelt, Tag für Tag kommen Tausende neuer Internetanschlüsse dazu. Wenn Sie heute noch nicht online sind, werden Sie es morgen sein. Experten sagen voraus, dass bis Ende 2010 eine Milliarde Menschen Internetzugang haben werden. Das heißt, dass jeder sechste Weltbewohner vernetzt sein wird. Daraus ergeben sich unendlich viele Möglichkeiten.

DotComTypen zu Pro-Sumenten machen

Es ist nur realistisch, anzunehmen, dass DotComTyp mindestens 20.000 $ in seinem Onlinejahr ausgeben wird. Nun frage ich Sie: Was wäre, wenn DotComTyp diese 20.000 $ *als Online-Pro-Sument statt als ein Onlinekonsument* ausgäbe und dann anderen beibrächte, das gleiche zu tun? Er würde nicht nur online leben, *er würde online Vermögen bilden,* stimmt's?

Wenn DotComTyp Partner einer E-mpfehlungswirtschaftsfirma wäre, besäße er ein eigenes Geschäft und verdiente Geld, während er Geld ausgäbe. Was für ein Konzept - *klick Dich reich!* Sehen Sie, das ist die Macht der E-mpfehlungswirtschaft - Pro-Sum im Internet. Online bei sich selbst zu kaufen, kann Sie und Ihre Familie reich machen; konventionell die Sonderangebote oder online vom E-Kommerz-Discounter zu kaufen, reduziert ihr Vermögen hingegen.

Robert Stuberg, Autor von *12 Wealth Secrets,* sagt, wer reich werden wolle, müsse sein Ausgabeverhalten überprüfen. Sein plausibler Rat hört sich just so an, wie Pro-Sum in der Praxis:

> *Sie sollten wirklich jede ihrer Ausgaben als eine Investition ansehen. Wenn Sie diesen Grundsatz bei Ihren Ausgaben beachten, tun Sie ihr Bestes, um Rücklagen und Erträge zu steigern. Ihr Vermögen wird schneller denn je wachsen.*

Stuberg versteht, dass Geld für Investments auszugeben, Einkommen schafft, während das Ausgeben für Lasten Geld abfließen läßt. Pro-Sum läßt Sie Stubergs Rat in die Tat umsetzen. Wenn Sie Partner einer Firma der Empfehlungswirtschaft werden, sind Sie in der Lage, "jede Ausgabe als eine Investition" anzusehen. Statt Geld für Verbindlichkeiten von Wal-Mart oder K-Mart auszugeben, erlaubt Ihnen die Empfehlungswirtschaft, in Ihren eigenen Laden -"Mein-Markt"- zu investieren.

Millionen MeinMarkt.coms

Nehmen wir einmal an, Sie verstehen jetzt, dass Weisheit darin liegt, eine Partnerschaft mit einer E-mpfehlungswirtschaftsfirma einzugehen. Wenn Ihre empfehlungsgestützte Firma online geht, verwandelt sich Ihr empfehlungsgestütztes Geschäft in ein E-mpfehlungsgestütztes Geschäft. Wenn Sie Ihr empfehlungsgestütztes Offlinegeschäft als MeinMarkt ansehen, dann wird online Ihr E-mpfehlungsgestütztes Geschäft zum MeinMarkt.com. Mit MeinMarkt.com werden Sie all die Vorteile des Pro-Sums, gepaart mit denen des E-Kommerz, genießen.

Wie beim DotComTyp gibt es gewisse Sachen, die Sie Monat für Monat kaufen müssen, nur um existieren zu können. DotComTyps erste Bestellungen im Internet werden wohl denen gleichen, die Sie Monat für Monat machen - Shampoo, Toilettenpapier, Reinigungsmittel, Nahrungsmittelergänzungen und Lebensmittel.

Im Unterschied zu DotComTyp werden Sie diese Güter aber bei sich selbst kaufen, bei MeinMarkt.com ... und dann anderen beibringen, ihre eigenen MeinMarkt.coms zu eröffnen ... und ihnen dann helfen, anderen beizubringen, ihre eigenen MeinMarkt.coms zu eröffnen ... usw. usf.

Indem Sie raffinierter online einkaufen und dann andere

lehren, das gleiche zu tun, können Sie selbst Empfehlungsgebühren verdienen und Reichtum erwerben. Zugleich helfen Sie dabei Ihren Freunden und den Freunden ihrer Freunde, reicher zu werden. *Klick Dich reich, in der Tat!*

Gewinner wie Verlierer
kriegen den gleichen Preis

Online zu kaufen, bietet den Verbrauchern zwei große Vorteile - Bequemlichkeit und Tiefpreise. Online einzukaufen, bietet aber auch zwei große Nachteile - Bequemlichkeit und Tiefpreise.

Was? Ich dachte, grad sagten Sie, Bequemlichkeit und Tiefpreise seien Vorteile? Und dann sagen Sie das genaue Gegenteil: Sie seien Nachteile. - Entscheiden Sie sich ...

Sie haben schon richtig gelesen - *Bequemlichkeit und Tiefpreise, BEIDE sind Vorteil und Nachteil zugleich.* Lassen Sie mich das erklären.

Das Internet steckt noch in den Kinderschuhen. Über kurz oder lang wird es an Ihren Fernseher, Ihr Handy und jedes andere Gerät in Ihrem Haus gekoppelt sein. In ein paar Jährchen nur gehen Sie zum Kühlschrank, und der wird Ihnen verkünden: "Sie brauchen Butter, Eier und Milch. Soll ich das für Sie bestellen?"

In nicht allzu langer Zeit werden Sie den Fernseher einschalten, und wenn Ihnen das Kostüm einer Schauspielerin gefällt, können Sie die Darstellerin anklicken, und ein Bildschirmfenster wird sich öffnen, das Marke und Preis der Ware anzeigt. Da Ihre Größe, Adresse und Kreditkartendaten digital gespeichert sind, müssen Sie nur noch Ihre Lieblingsfarbe aussuchen. Am nächsten Tag wird Ihnen die Ware ins

Haus geliefert. Das nenne ich mal Bequemlichkeit.

Ein Problem nur: Es ist *zu* bequem! Das Internet macht Geldausgeben einfacher denn je ... und mit technologischem Fortschritt wird Kaufen immer noch leichter und noch leichter und noch leichter, will heißen, Ihre Ausgaben werden immer noch größer und noch größer und noch größer werden.

Denken Sie zurück an die Lektion, die der Mercedes-Werbespot uns lehrte: *Es kommt nicht nur auf das an, was Sie zahlen. Sondern auf das, was Sie dafür kriegen.* Wenn der Verbraucher einen Fernsehdarsteller anklicken und ein Gewand bestellen kann, was erhält er dafür? Nur eine Belastung, die im Zeitablauf an Wert verliert, stimmt's? Wenn der Konsument am Kühlschrank Eier, Milch und Butter bestellt, was bekommt er dann im Gegenzug? Vergängliches von null Wert, wenn es einmal verzehrt ist, stimmt's?

Konsumenten gebt acht! Onlinekunden mögen glauben, ihnen würden tolle Preise und viel Bequemlichkeit geboten, was aber kriegen sie dafür? Was sie dafür kriegen, ist ein niedrigeres Bankkonto. Mehr Lasten und weniger Werte. Verstehen Sie nun, was gemeint ist, wenn ich sage: Bequemlichkeit und Tiefpreise können Nachteile sein?

Das E-Kommerz-Wachstum erinnert mich an einen Zeichentrickfilm, geschrieben und illustriert von Robb Armstrong, dem Erfinder einer Trickfilmserie namens *Jump Start*. Dieser spezielle Zeichentrickfilm macht sich über eine ungemein populäre Quizshow, *Wer will Millionär werden?*, lustig.

Im ersten Teil schauen Mann und Frau eine fiktive Quizsendung an. Der Moderator kündet an: *"Wer will hoch verschuldet werden?!"*

Im Mittelteil sagt die Frau: *"Das ist die neue lebens-*

131

echte Quizshow ..."

Der Schlussteil stellt den folgenden Dialog heraus:

Frau: *"Der Gewinner kriegt eine Kreditkarte mit einem enorm hohen Limit zu 26 % Zinseszins ..."*

Mann: *"Von der Show hab' ich gehört. Der Verlierer kriegt den gleichen Preis."*

Entsprechendes gilt für den Kauf von Produkten im Internet. Im E-Kommerz kriegen Gewinner wie Verlierer den gleichen Preis: Bequemlichkeit und Tiefpreise. Will heißen, E-Kommerz kann sowohl Segen als auch Fluch sein, was davon abhängt, ob man vorzieht, konsumierend *Geld auszugeben* oder pro-sumierend *Geld einzunehmen.*

Der Pro-Sumenten Vorteil

Herrschaften, wenn Sie das Gefühl haben, dass Ihnen das Geld durch die Finger fließt, dann warten Sie mal ein paar Jahre ab. Schon mal von der "bargeldlosen Gesellschaft" gehört? Nun, die steht bereits vor der Türe und wird das Geldausgeben einfacher machen, denn je zuvor.

Haben Sie sich schon mal überlegt, warum wohl Spieler in Las Vegas ihr Geld in Plastikchips umtauschen müssen? Weil, psychologisch gesehen, ein Stapel Pokerchips im Wert von 1.000 $ weit weniger offensichtlichen Wert für den Spieler hat, wie ein Packen von 100-$-Scheinen. Es ist viel leichter, einen Chip auf den Rouletttisch zu werfen, als eine 100-$-Note aus dem Packen zu pulen.

Entsprechendes gilt für Kreditkarten aller Art. Sie sind aus Plastik. Was psychologisch gesehen bedeutet, dass sie kein richtiges Geld sind. Deswegen ist es um einiges leichter, Handelsware per Kreditkarte zu zahlen. Psychologisch gesehen kaufen Sie auf Kreditkarte "umsonst" ein - d. h. "umsonst", bis sich der Kreditkartenauszug im Briefkasten findet. Dann holt einen die Realität ein!

Auf den Punkt gebracht: Da das Internet das Kaufen in den kommenden Jahren immer leichter machen wird, *ist es um so wichtiger, dass man sich bereit macht, Pro-Sument statt Konsument zu werden.* Wir werden in den kommenden Jahren immer mehr Zeugs im Internet kaufen. Das steht fest. Da wir also im Internet sowieso Geld ausgeben werden, macht es da nicht Sinn, Partner einer Firma der E-mpfehlungswirtschaft zu werden, damit wir wenigstens Geld verdienen können, wenn wir es ausgeben?

Macht es da nicht Sinn, Vermögen zu bilden, indem man raffinierter online statt billiger im Ausverkauf kauft und andere lehrt, das gleiche zu tun?

Macht es da nicht Sinn, ins eigene Geschäft zu investieren, indem man Güter und Leistungen bei MeinMarkt.com kauft, statt den Reichtum von Inhabern und Aktionären zu mehren, weil man bei DerenMarkt.com kauft?

Wofür steht das "E" in E-mpfehlungswirtschaft?

Wie gesagt, E-mpfehlungswirtschaft ist die Vermählung der Empfehlungswirtschaft mit dem E-Kommerz. Das "E" in E-Kommerz steht für *elektronisch,* also: Mit Lichtgeschwindigkeit. Wenn Sie aber die Empfehlungswirtschaft mit dem E-Kommerz kombinieren, dann steht das "E" für ein Wort, das ebenso mächtig und dynamisch ist, wie "elektronisch". Das Wort heißt *exponentiell.* Und dieser exponentielle Faktor ist es, der die E-mpfehlungswirtschaft so besonders macht.

Um die Macht exponentiellen Wachstums besser zu

verstehen, wollen wir uns noch einmal DotComTyp zuwenden. Erinnern Sie sich noch an seine Vergütung? Er kriegt 24 $ im ersten Monat, und die Vergütung verdoppelt sich mit jedem Monat, den er in dem Haus bleibt. Nun, mit Ausnahme einiger weniger Entwicklungsländer sind 24 $ monatlich kein aufregendes Gehalt. Wenn das im zweiten Monat auf 48 $, im dritten auf 96 $ steigt, dann ist das immer noch nichts Weltbewegendes.

Doch schauen Sie, was im Zeitablauf passiert: Im siebten Monat wird DotComTyp 1.536 $ Monatslohn erhalten. Im achten 3.072 $. Im neunten Monat fängt er an, richtig Geld zu verdienen - 6.144 $. Im zehnten Monat verdient er 12.288 $. Im elften Monat 24.576 $. *Und im zwölften Monat werden es 49.152 $ sein - für einen Monat Arbeit!*

Was Sie sehen, ist die Macht exponentiellen Wachstums in Aktion. Sehen Sie, exponentielles Wachstum gewinnt im Zeitablauf immer an Kraft. Der Profit von DotComTyp mag kurzfristig gering sein, gerade so wie in der E-mpfehlungswirtschaft. *Doch der potentielle Gewinn ist langfristig riesig!*

DotComTyp wird im zwölften Monat nichts anderes tun wie im ersten - *aber er wird 2.000mal so viel Geld dafür erhalten!* Warum? Wegen des Gesetzes der Akkumulation.

Das ist die Macht exponentiellen Wachstums - kleine, konsistente Bemühungen bringen anfangs kleine Erträge. Aber im Zeitablauf können die gleichen kleinen, gleichmäßigen Bemühungen sich summieren und möglicherweise zu ganz gewaltigen Erträgen kumulieren, da Ihr Geschäft exponentiell wächst, Tag für Tag, Monat für Monat, Jahr für Jahr.

Stellen Sie sich nur einmal vor, einen Scheck über 49.152 $ für einen Monat Arbeit zu empfangen. Unmöglich? Überhaupt nicht! Rund um die Welt beziehen Tausende jeden

Monat solche und größere Schecks!.. Weil sie die Kraft der Empfehlungswirtschaft für sich nutzen.

Das kann dabei herauskommen, wenn Menschen eine langfristige Investition kurzfristigen Gewinnen vorziehen. Und das kann dabei herauskommen, wenn Menschen große empfehlungsgestützte Netzwerke aufbauen, indem sie raffinierter, nicht billiger einkaufen und dann andere lehren, das gleiche zu tun.

Aus diesem Grunde meine ich, dass das "E" in E-mpfehlungswirtschaft für zwei Begriffe steht: Elektronisch und Exponentiell. Aber Tausende sind dabei herauszufinden, daß "E" noch für ein Drittes steht - *Enthusiasmus*. Denn ENTHUSIASMUS ist es, was die Geschäftspartner empfehlungsgestützter Firmen empfinden, wenn sie ihren monatlichen Scheck für Boni und Vermittlungsprovisionen erhalten.

Elektronisch... Exponentiell... und Enthusiastisch.
Wenn Sie diese drei Wörter in Ihr Leben aufnehmen möchten, dann sollten Sie sich eingehender mit der E-mpfehlungswirtschaft befassen. Es ist eine Chance, eine Geschäftsmöglichkeit, die viele Experten als "die Chance des Neuen Jahrtausends" bezeichnen!

Resümee:

GEWÄHREN SIE IHREN TRÄUMEN KEINEN RABATT!

Wir sind die Musikmacher, und wir sind die Traumträumer ... wir sind die Rüttler und Schüttler dieser Welt für immer, so scheint es.
Arthur O'Shaughnessy aus *Ode*

Die Geschichte, die ich Ihnen jetzt erzählen möchte, ist wahr. Sie beinhaltet eine mächtige Botschaft, die Ihr Leben und das Leben derer, die Ihnen am Herzen liegen, für immer verändern könnte. Das ist die Geschichte:

Vor Jahren reiste ein Pfarrer mit seiner Frau durch die entlegensten Winkel von Tennessee. Sie machten Halt bei einem Restaurant, um zu Abend zu essen. Ein Mann betrat das Restaurant, und alle Gäste schienen ihn zu kennen. Er ging von Tisch zu Tisch und grüßte jeden, und jeder war ganz offensichtlich erfreut, von ihm bemerkt zu werden.

Der Mann kam auch zum Tisch des Geistlichen, und als er dessen Beruf erfuhr, nahm der Mann sogleich Platz und erzählte eine unglaubliche Geschichte.

"Als ich noch klein war, wuchs ich in der Nähe dieses Restaurants auf," fing der Mann an. "Meine Mutter war ledig, als ich zur Welt kam. In unserer kleinen Stadt sorgte das für einiges an Missgunst und Klatsch. Die Leute waren gemein zu meiner Mutter, machten sich über sie lustig und schlossen sie aus der Gesellschaft aus.

Als Kind erfuhr ich die gleiche Behandlung. In der Schule war ich verpönt und geächtet. Ich hatte keine Freunde. Deswegen zog ich mich mit den Jahren immer mehr in meine eigene Welt zurück.

Als ich fast zwölf war, kam ein neuer Pfarrer in unseren Ort. Man sagte, er wäre ein begnadeter Redner ... dass er wundervoll predigen könne. Sie sprachen von ihm in so hohen Tönen, dass ich einfach hingehen musste, um ihn mit eigenen Augen zu sehen.

Woche für Woche ging ich in die Kirche, um seinen wundervollen Predigten zu lauschen. Trotzdem stellte ich immer sicher, den Gottesdienst kurz vor Schluss verlassen zu können. Ich konnte die Leute flüstern hören, wenn ich in die Kirche trat, und ich wusste, sie fragten sich: Was hat so einer in der Kirche zu suchen? Ich wollte ihnen nicht die Chance geben, mir das ins Gesicht zu sagen.

Dann war der Gottesdienst eines Tages so gut, so fesselnd, dass ich vergaß, vorzeitig zu gehen. Auf einmal war der Gottesdienst zu Ende. Und zu meinem Horror und Entsetzen kam der Pfarrer schnurstracks auf meine Reihe zu und sprach mich an.

Wessen Sohn bist Du?, fragte er.

Die Gemeinde erstarrte. In der Kirche war es auf einmal still wie im Grab. Mir war das alles so unangenehm. Alles was ich tun konnte, war, auf meine Schuhe zu starren. Ich konnte kaum atmen.

Dem Pfarrer war sofort klar, dass er einen Fehler gemacht hatte. Ohne das geringste Zögern lächelte er breit, straffte seine Schultern und verkündete mit lauter, vernehmlicher Stimme, die alle hören konnten: *Oh, ich kenne Dich. Die Ähnlichkeit ist unverkennbar. Du bist ein Kind Gottes. Er muss sehr stolz auf Dich sein!"*

Die Stimme des Mannes brach hörbar gegen Ende der Erzählung. Aber er atmete tief durch und beendete seinen Tischbesuch mit folgenden Worten:

"Dieser Tag krempelte mein Leben um. Er gab mir so viel Selbstvertrauen. Genauer gesagt, wurde aus mir ein ziemlich erfolgreicher Politiker."

Der Mann entschuldigte sich und machte sich, überall Schultern klopfend und Hände schüttelnd, auf den Weg zum Ausgang.

Als die Kellnerin die Rechnung brachte, fragte sie der Pfarrer, wer der freundliche Herr gewesen sei.

"Aber jeder kennt doch Ben Walter Hooper, den früheren Gouverneur von Tennessee!"

Ich das nicht eine wunderbare Geschichte? Sie zeugt von der Macht des positiven Denkens. Sobald Hooper sein Denken änderte, änderte er auch sein Leben. Statt sich einzureden, er sei unwürdig, weil er ein uneheliches Kind war, begann er, sich selbst zu sagen, er sei genauso gut wie jeder andere. Er war ein Kind Gottes. Diese simple, aber dramatische Veränderung seiner Denkweise führte einen Geächteten bis in die Gouverneursresidenz. Unglaublich!

Ändern Sie Ihr Denken, und Sie ändern Ihr Leben

Freunde, auch Sie können Ihrem Leben eine andere Richtung geben, wenn sie Ihre Denkweise ändern. Im Laufe dieses Buches habe ich Ihnen von einer ganz erstaunlichen Möglichkeit mit Namen Pro-Sum erzählt, in der Hoffnung, dass diese Botschaft Ihre Einstellung zum Kauf von Gütern und Dienstleistungen ändern kann und wird.

Das Schreiben dieses Buches hatte zum Ziel, einen Großteil meiner Leser dazu zu bringen, Ihre Denkweise von einer Konsumenten-Mentalität auf die Pro-Sumenten-Mentalität umzustellen. Hoffentlich sind Sie einer der Leser, der die Kraft des Pro-Sumierens versteht.

Aber um so reich zu werden, wie es Ihnen zusteht, und Ihr ganzes Potential auszuleben, müssen Sie eine weitere Änderung Ihrer Denkweise herbeiführen - eine größere Änderung: *Sie müssen anders über sich selbst zu denken lernen,* genau wie der junge Ben Walter Hooper anders über sich selbst zu denken begann.

Sehen Sie, ich hatte immer geglaubt, dass man Änderungen und großen Gelegenheiten ausweicht, weil man Angst vor dem Versagen hat. Und es stimmt: Viele meiden jede Änderung aus genau diesem Grund.

Doch mit steigendem Alter und zunehmender Weisheit ist mir bewusst geworden, *dass mehr Leute Angst vor dem Erfolg, als Angst vor dem Scheitern haben.* Wer Erfolg fürchtet, meidet Erfolg oder, schlimmer noch, sabotiert Erfolg, weil er meint, seiner nicht wert zu sein.

Konditioniert, uns unwürdig zu finden

Wie das Kind in Hoopers Erzählung, sind auch wir konditioniert, uns unwürdig zu fühlen. Wir verinnerlichen Kritik an uns. Wir akzeptieren die Grenzen, die andere uns auferlegen möchten. Im Endeffekt tragen wir alle ein verkümmertes Kind in uns, egal, wie alt wir sind. Und nur allzu oft redet uns das Kind in uns ein, wir seien nicht würdig.

Uns wurde von Geburt an eingetrichtert, unseren Ambitionen einen Deckel zu verpassen, denn wir seien nur ein Weniges wert, aber nicht viel.

Wir wurden dazu gebracht, zu glauben, dass es unserer würdig sei, Arbeitnehmer zu sein, aber nicht Arbeitgeber.

Wir wurden dazu gebracht, zu glauben, dass wir eines einigermaßen guten Lebensunterhalts würdig seien, nicht aber finanzieller Unabhängigkeit.

Wir wurden dazu gebracht, zu glauben, dass wir würdig seien, Mitläufer zu sein, nicht aber zu führen.

Wir wurden dazu gebracht, zu glauben, dass wir würdig seien, mit 65 in Rente zu gehen, nicht aber mit 45.

Wir wurden dazu gebracht, zu glauben, wir seien würdig genug, einen Job anzunehmen, nicht aber, eine Gelegenheit beim Schopf zu packen.

Wir wurden dazu gebracht, zu glauben, dass wir würdig seien, kleine Träume, nicht aber große zu verwirklichen.

Ich sage: "Schwachsinn!" *Gewähren Sie Ihren Träumen keinen Rabatt!* Verkaufen Sie sich nicht unter Wert! Sie sind Erfolg wert ... Sie sind finanzieller Freiheit würdig ... Sie sind würdig, zu führen ... würdig, Ihr eigenes Geschäft zu haben ... Sie sind großer Träume würdig.

Sie sind dieser Gelegenheit würdig

Herrschaften, zaudern Sie nicht und kehren Sie diese Gelegenheit nicht unter den Teppich, nur weil Sie meinen, Sie seien des Erfolgs nicht würdig. Ignorieren Sie die Botschaft dieses Buches nicht, nur weil Sie glauben, der Wohltaten, die die E-mpfehlungswirtschaft Ihnen zu bieten hat, nicht würdig zu sein.

Die Gelegenheit ist echt. Sie entwickelt sich so schnell und so sehr wie das Internet. Und tausende Otto Normalverbraucher, die ihre Denkweise änderten, sind dabei, weltweite E-mpfehlungsgestützte Geschäfte aufzubauen und für ihre Bemühungen gutes Geld in Form monatlicher Vermittlungsgebühren zu verdienen. Erstmals im Leben erfahren ganz normale Menschen, dass Erfolg und finanzielle Freiheit nicht nur für andere reserviert sind. Erfolg ist für jeden machbar, der sich die Zeit nimmt, raffinierter, nicht billiger einzukaufen und andere zu lehren, das gleiche zu tun.

Millionen aufgeschlossener Menschen haben ihr Kaufverhalten geändert ... und ihre Denkgewohnheiten. Deswegen sind sie stolz auf ihre Leistungen ... stolz auf ihr eigenes Geschäft ... stolz auf ihren neu errungenen Wohlstand ... stolz, diese Gelegenheit beim Schopf gepackt zu haben.

Legen Sie los - machen sie sich stolz auf sich. Greifen Sie nach der Knete. Sie sind es wert. Ich fordere Sie hiermit auf, Ihre Denkweise zu ändern und sich weiter über die Möglichkeiten der E-mpfehlungswirtschaft zu informieren. *Ich fordere Sie auf, Ihr Leben zu ändern, indem Sie in der E-mpfehlungswirtschaft bei sich selbst online kaufen und anderen beibringen, das gleiche zu tun.*